中1 漢字

サクッと three minutes

3分間ドリル もくじと記録

正解数まで ぬっていこう！ ▶ 1 2 3

1回分が終わったら，**学習日**と**成績**を記録しましょう。

裏に続きます。↓

続き。

34	漢字と送りがな③	/	▶ 1 2 3 4 5
35	漢字と送りがな④	/	▶ 1 2 3 4 5
36	誤りやすい漢字①	/	▶ 1 2 3 4 5
37	誤りやすい漢字②	/	▶ 1 2 3 4 5
38	誤りやすい漢字③	/	▶ 1 2 3 4 5
39	誤りやすい漢字④	/	▶ 1 2 3 4 5
40	まとめテスト④	/	/100点
41	類義語①	/	▶ 1 2 3 4 5 6
42	類義語②	/	▶ 1 2 3 4 5 6
43	類義語③	/	▶ 1 2 3 4 5 6
44	類義語④	/	▶ 1 2 3 4 5 6
45	対義語①	/	▶ 1 2 3 4 5 6
46	対義語②	/	▶ 1 2 3 4 5 6
47	対義語③	/	▶ 1 2 3 4 5 6
48	対義語④	/	▶ 1 2 3 4 5 6
49	まとめテスト⑤	/	/100点
50	三字熟語①	/	▶ 1 2 3 4 5
51	三字熟語②	/	▶ 1 2 3 4 5
52	三字熟語③	/	▶ 1 2 3 4 5
53	三字熟語④	/	▶ 1 2 3 4 5
54	四字熟語①	/	▶ 1 2 3 4 5
55	四字熟語②	/	▶ 1 2 3 4 5
56	四字熟語③	/	▶ 1 2 3 4 5
57	四字熟語④	/	▶ 1 2 3 4 5
58	まとめテスト⑥	/	/100点
59	ことわざ①	/	▶ 1 2 3 4 5
60	ことわざ②	/	▶ 1 2 3 4 5
61	ことわざ③	/	▶ 1 2 3 4 5
62	ことわざ④	/	▶ 1 2 3 4 5
63	慣用句①	/	▶ 1 2 3 4 5
64	慣用句②	/	▶ 1 2 3 4 5
65	慣用句③	/	▶ 1 2 3 4 5
66	慣用句④	/	▶ 1 2 3 4 5
67	まとめテスト⑦	/	/100点
68	復習テスト①	/	/100点
69	復習テスト②	/	/100点

解答は巻末にあります。

01 小学校で学習した漢字①

月　日

5問中　問正解

1 次の太字の漢字の読みがなを書きましょう。

(1) クラスに流《なが》れたうわさの真相《しんそう》を**確**かめる。

★(2) 歌手《かしゅ》が大勢《おおぜい》のファンの前《まえ》に姿《すがた》を**現**す。

(3) 天地《てんち》**創造**をテーマにした小説《しょうせつ》を読《よ》む。

(4) 人《ひと》の**誤解**を招《まね》くような言《い》い方《かた》は避《さ》ける。

★(5) **雑穀**の栄養《えいよう》と効能《こうのう》について調《しら》べる。

豆、ソバ、キビ、アワ、ヒエなどの米と麦以外の穀物。

★(2)「現す」には、同訓異字の「表す」「著す」がある。
★(5)「雑穀」の「雑」は、「雑誌」「雑記帳」などと同じ読み方をする。

02 小学校で学習した漢字②

月　日

5問中　問正解

1 次の太字のカタカナを漢字で書きましょう。

(1) クラスに流《なが》れたうわさの真相《しんそう》を**タシ**かめる。

(2) 歌手《かしゅ》が大勢《おおぜい》のファンの前《まえ》に姿《すがた》を**アラワ**す。

★(3) 天地《てんち》**ソウゾウ**をテーマにした小説《しょうせつ》を読《よ》む。

(4) 人《ひと》の**ゴカイ**を招《まね》くような言《い》い方《かた》は避《さ》ける。

★(5) **ザッコク**の栄養《えいよう》と効能《こうのう》について調《しら》べる。

★(3)「ソウゾウ」は、同音異義語の「想像」と書かないように注意する。

★(5)「ザッコク」の「コク」は、形の似た「殻」に注意。「殻」は「甲殻類《こうかくるい》」「貝殻《かいがら》」のように使う。

03 小学校で学習した漢字③

月　日

5問中　問正解

1 次の太字の漢字の読みがなを書きましょう。

★(1) 大病《たいびょう》した体験《たいけん》から、医師《いし》を**志**すようになる。

目標を立てて、それを目指して進もうと心に決める。

(2) 叔父《おじ》は小《ちい》さな洋食店《ようしょくてん》を**経営**している。

★(3) 人《ひと》を**批判**する前《まえ》に我《わ》が身《み》を振《ふ》り返《かえ》る。

(4) 自分《じぶん》の**幼**い考《かんが》え方《かた》に気《き》づいて反省《はんせい》する。

(5) 食《た》べ過《す》ぎて、翌日《よくじつ》**腹痛**になった。

★ (1)「志」には、「こころざし」という送りがなの付かない訓読みもあるので、注意して読み分ける。

★ (3)「批判」の「批」には、同音異字に「比」がある。

04 小学校で学習した漢字④

月　日

5問中　問正解

1 次の太字のカタカナを漢字で書きましょう。

(1) 大病《たいびょう》した体験《たいけん》から、医師《いし》を**ココロザ**すようになる。

★(2) 叔父《おじ》は小《ちい》さな洋食店《ようしょくてん》を**ケイエイ**している。

(3) 人《ひと》を**ヒハン**する前《まえ》に我《わ》が身《み》を振《ふ》り返《かえ》る。

(4) 自分《じぶん》の**オサナ**い考《かんが》え方《かた》に気《き》づいて反省《はんせい》する。

★(5) 食《た》べ過《す》ぎて、翌日《よくじつ》**フクツウ**になった。

★ (2)「ケイエイ」の「ケイ」を、同音異字の「径」「軽」と書き間違《まちが》えないようにする。
★ (5)「フクツウ」の「フク」を、同音異字の「復」「複」と書き間違えないようにする。

05 中学校で学習する音訓①

月　日

5問中　問正解

1 次の太字の漢字の読みがなを書きましょう。

(1) 週末《しゅうまつ》はいつも、夕食《ゆうしょく》の**支度**を手伝《てつだ》う。

(2) 煮物《にもの》を大《おお》きめの**器**にもり付《つ》ける。

★(3) 弟《おとうと》は、ささいなことを気《き》に病《や》む**性分**だ。

生まれつきの性質。

★(4) 僕《ぼく》の通《かよ》う中学《ちゅうがく》は、部活動《ぶかつどう》が**盛**んだ。

(5) その看板《かんばん》は美観《びかん》を**損**ねる。

★ (3)「性分」の「性」と同じ読み方で、人の性質を表す言葉に、「気性」「本性」などがある。

★ (4)「盛」には、「さか（る）」「も（る）」という訓読みもある。送りがなに注意して読み分ける。

06 中学校で学習する音訓②

月　日

5問中　問正解

1 次の太字のカタカナを漢字で書きましょう。

(1) 週末《しゅうまつ》はいつも、夕食《ゆうしょく》の**シタク**を手伝《てつだ》う。

★(2) 煮物《にもの》を大《おお》きめの**ウツワ**にもり付《つ》ける。

(3) 弟《おとうと》は、ささいなことを気《き》に病《や》む**ショウブン**だ。

(4) 僕《ぼく》の通《かよ》う中学《ちゅうがく》は、部活動《ぶかつどう》が**サカ**んだ。

★(5) その看板《かんばん》は美観《びかん》を**ソコ**ねる。

★(2)「ウツワ」は、ここでの意味の他に、「ある地位にふさわしい能力や才能。」の意味もある。
★(5)「ソコねる」は、「ソコなう」とも言い換《か》えられ、ここでの意味は「害する」。

07 中学校で学習する音訓③

月　日

5問中　問正解

1 次の太字の漢字の読みがなを書きましょう。

(1) 新《あたら》しい運動靴《うんどうぐつ》の履《は》き心地《ごこち》を**試**す。

(2) 人《ひと》から受《う》けた恩《おん》に**報**いる生《い》き方《かた》を目指《めざ》す。

★ (3) 落《お》とした財布《さいふ》を**血眼**になって捜《さが》す。

必死になって行うこと。

★ (4) 相手《あいて》チームの実力《じつりょく》の**程**はよくわからない。

(5) あの人《ひと》は私《わたし》の**一推**しの俳優《はいゆう》だ。

★ (3)「血眼」の「眼」は、「どんぐり眼」「寝《ね》ぼけ眼」などと同じ読み方をする。

★ (4)「程」は訓読みの言葉で、音読みで読む「程度」と同じ意味の言葉である。

08 中学校で学習する音訓④

月　日

5問中　問正解

1 次の太字のカタカナを漢字で書きましょう。

★(1) 新《あたら》しい運動靴《うんどうぐつ》の履《は》き心地《ごこち》を**タメ**す。

★(2) 人《ひと》から受《う》けた恩《おん》に**ムク**いる生《い》き方《かた》を目指《めざ》す。

(3) 落《お》とした財布《さいふ》を**チマナコ**になって捜《さが》す。

(4) 相手《あいて》チームの実力《じつりょく》の**ホド**はよくわからない。

(5) あの人《ひと》は私《わたし》の**イチオ**しの俳優《はいゆう》だ。

★(1)「こころ（みる)」とも読む漢字。音読みは「シ」。「シ験」「シ運転」などのように使う。

★(2) 読み方は異なるが、左側が同じ部分の漢字に「執」、右側が同じ部分の漢字に「服」がある。

09 特別な読み方の言葉①

月　日

5問中　問正解

1 次の太字の漢字の特別な読み方を書きましょう。

(1) **迷子**になった猫《ねこ》を捜《さが》して歩《ある》き回《まわ》る。

★(2) 家族《かぞく》の中《なか》で、母《はは》と兄《あに》は**眼鏡**をかけている。

(3) **風邪**をこじらせて、学校《がっこう》を三日《みっか》間《かん》休《やす》む。

(4) **笑顔**を忘《わす》れずに、毎日《まいにち》を前向《まえむ》きに過《す》ごす。

★(5) 合格発表《ごうかくはっぴょう》の日《ひ》まで、生《い》きた**心地**がしなかった。

★(2)「眼鏡」を「ガンキョウ」と音読みする言葉に「双《そう》眼鏡」がある。
★(5)「心地」は「着心地」「居心地」「住み心地」などのように複合語としても使われる。

10 特別な読み方の言葉②

月　日

5問中　問正解

1 次の太字のカタカナを漢字で書きましょう。

(1) **マイゴ**になった猫《ねこ》を捜《さが》して歩《ある》き回《まわ》る。

★ (2) 家族《かぞく》の中《なか》で、母《はは》と兄《あに》は**メガネ**をかけている。

★ (3) **カゼ**をこじらせて、学校《がっこう》を三日間《みっかかん》休《やす》む。

(4) **エガオ**を忘《わす》れずに、毎日《まいにち》を前向《まえむ》きに過《す》ごす。

(5) 合格発表《ごうかくはっぴょう》の日《ひ》まで、生《い》きた**ココチ**がしなかった。

★ (2)「メガネ」の「鏡」を、同音異字の「境」と書き間違《まちが》えないようにする。
★ (3)「カゼ」は「風」と一字で書けば別の意味の言葉になることに注意する。

特別な読み方の言葉③

月　日

5問中　問正解

1 次の太字の漢字の特別な読み方を書きましょう。

★(1) 森《もり》の中《なか》に湧《わ》く、澄《す》んだ**清水**に足《あし》を浸《ひた》す。

岩の間などから湧き出る、きれいな水。

(2) 毎年《まいとし》、夏休《なつやす》みは父《ちち》の**田舎**で過《す》ごしている。

★(3) お客様《きゃくさま》からお**土産**にケーキをいただく。

(4) 競技場《きょうぎじょう》の**芝生**の手入《てい》れをする。

(5) **行方**不明《ふめい》になっていた飼《か》い猫《ねこ》が見《み》つかる。

★(1)「清水」は「岩清水」のように複合語としても使われる。

★(3)「土産」は「手土産」「置き土産」のように複合語としても使われる。

12 特別な読み方の言葉④

月　日

5問中　問正解

1 次の太字のカタカナを漢字で書きましょう。

(1) 森《もり》の中《なか》に湧《わ》く、澄《す》んだ**シミズ**に足《あし》を浸《ひた》す。

★ (2) 毎年《まいとし》、夏休《なつやす》みは父《ちち》の**イナカ**で過《す》ごしている。

★ (3) お客様《きゃくさま》からお**ミヤゲ**にケーキをいただく。

(4) 競技場《きょうぎじょう》の**シバフ**の手入《てい》れをする。

(5) **ユクエ**不明《ふめい》になっていた飼《か》い猫《ねこ》が見《み》つかる。

★ (2)「イナカ」の「舎」を、同音異字の「捨」と書き間違《まちが》えないようにする。

★ (3)「ミヤゲ」は、「ミアゲ」と表記する間違いが多いので、正しい表記を覚える。

13 まとめテスト①

月　日

／100点

1 次の太字の漢字の読みがなを書きましょう。（5点×10）

(1) 気《き》分《ぶん》を**損**ねる。（　　）

(2) **雑穀**入《い》りのご飯《はん》。（　　）

(3) **芝生**に寝《ね》転《ころ》ぶ。（　　）

(4) **血眼**で探《さが》し回《まわ》る。（　　）

(5) 声優《せいゆう》を**志**す。（　　）

(6) **批判**を受《う》ける。（　　）

(7) 実力《じつりょく》を**試**す。（　　）

(8) 一《いっ》矢《し》を**報**いる。（　　）

(9) 旅行《りょこう》の**支度**をする。（　　）

(10) **心地**よい風《かぜ》が吹《ふ》く。（　　）

← 裏に続きます。

2 次の太字のカタカナを漢字で書きましょう。

（5点×10）

(1) 会社《かいしゃ》を**ケイエイ**する。（　　）

(2) 文化《ぶんか》を**ソウゾウ**する。（　　）

(3) 血気《けっき》**サカ**んな若者《わかもの》。（　　）

(4) **オサナ**い妹《いもうと》と遊《あそ》ぶ。（　　）

(5) **ユクエ**をくらます。（　　）

(6) **カゼ**で寝込《ねこ》む。（　　）

(7) 人《ひと》から**ゴカイ**される。（　　）

(8) **イナカ**の祖父母《そふぼ》。（　　）

(9) 正体《しょうたい》を**アラワ**す。（　　）

(10) **イチオ**しの商品《しょうひん》。（　　）

14 複数の音読みをもつ漢字①

月　　日

6問中　　問正解

1 次の太字の漢字の読みがなを書きましょう。

★(1)
ア **納得**がいくまで質問《しつもん》する。
イ ふるさと**納税**の返礼品《へんれいひん》が届《とど》く。

★(2)
ア 展示会場《てんじかいじょう》の**装飾**を工夫《くふう》する。
イ 演劇《えんげき》で使《つか》う**衣装**を自分《じぶん》で作《つく》る。

(3)
ア あまりの出来事《できごと》にびっくり**仰天**した。
イ かつては、動物《どうぶつ》が**信仰**の対象《たいしょう》とされた。

★(1)「納」には、「トウ」という音読みもあり、「出納《すいとう》」という熟語で用いる。
★(2) イ「衣装」の「装」と同じ音読みを用いた熟語は、他に「装束」がある。

15 複数の音読みをもつ漢字②

月　日

6問中　問正解

1 次の太字のカタカナを漢字で書きましょう。

(1)

ア **ナットク**がいくまで質問《しつもん》する。

イ ふるさと**ノウゼイ**の返礼品《へんれいひん》が届《とど》く。

(2)

ア 展示会場《てんじかいじょう》の**ソウショク**を工夫《くふう》する。

イ★ 演劇《えんげき》で使《つか》う**イショウ**を自分《じぶん》で作《つく》る。

★(3)

ア あまりの出来事《できごと》にびっくり**ギョウテン**した。

イ かつては、動物《どうぶつ》が**シンコウ**の対象《たいしょう》とされた。

★ (2) イ「イショウ」の同音異義語に注意。「意匠」「異称」などがある。

★ (3)「ギョウテン」の「ギョウ」、「シンコウ」の「コウ」は、右側のつくりの部分の形に注意する。

16 複数の音読みをもつ漢字③

月　日

6問中　問正解

1 次の太字の漢字の読みがなを書きましょう。

★(1)

ア 農作業《のうさぎょう》を通《つう》じて自然《しぜん》の**恩恵**を感《かん》じる。

イ 文化祭《ぶんかさい》の企画《きかく》について**知恵**を絞《しぼ》る。

★(2)

ア 正岡子規《まさおかしき》は、病床《びょうしょう》で**執筆**を続《つづ》けた。

イ 優勝旗《ゆうしょうき》の奪回《だっかい》に**執念**を燃《も》やす。

★(3)

ア 鮮《あざ》やかなシュートに、敵《てき》も味方《みかた》も**拍手**を送《おく》った。

イ ワルツとは、一般的《いっぱんてき》に**三拍子**の楽曲《がっきょく》だ。

★(2)「執」は、同じ部分をもつ「報」とは読み方が異なるので注意。

★(3)「拍」は、「白」の部分が漢字の音を表しているが、それとは異なるイの読み方に注意する。

17 複数の音読みをもつ漢字④

月　日

6問中　問正解

1 次の太字のカタカナを漢字で書きましょう。

★(1)
ア 農作業《のうさぎょう》を通《つう》じて自然《しぜん》の**オンケイ**を感《かん》じる。
イ 文化祭《ぶんかさい》の企画《きかく》について**チエ**を絞《しぼ》る。

(2)
ア 正岡子規《まさおかしき》は、病床《びょうしょう》で**シッピツ**を続《つづ》けた。
イ 優勝旗《ゆうしょうき》の奪回《だっかい》に**シュウネン**を燃《も》やす。

★(3)
ア 鮮《あざ》やかなシュートに、敵《てき》も味方《みかた》も**ハクシュ**を送《おく》った。
イ ワルツとは、一般的《いっぱんてき》に**サンビョウシ**の楽曲《がっきょく》だ。

★(1)「オンケイ」の「ケイ」、「チエ」の「エ」は、「博」のように右上に点を打たないように注意。
★(3)「ハクシュ」の「ハク」、「サンビョウシ」の「ヒョウ」は、「伯」「泊」「迫」など同じ部分をもつ漢字に注意。

18 複数の訓読みをもつ漢字①

月　日

6問中　問正解

★

1 次の太字の漢字の読みがなを書きましょう。

(1)
ア 奉仕《ほうし》活動《かつどう》で、**優**しい気持《きも》ちを育《はぐく》む。
イ 犬《いぬ》は、嗅覚《きゅうかく》が特《とく》に**優**れている。

(2)
ア 兄《あに》に勉強《べんきょう》についてアドバイスを**頼**む。
イ エネルギー資源《しげん》を輸入《ゆにゅう》に**頼**る。

(3)
ア 雨天《うてん》での試合《しあい》で、ユニフォームが**汚**れた。
イ★ **汚**い川《かわ》の水質改善《すいしつかいぜん》に役立《やくだ》つ生物《せいぶつ》がいる。

★(1)「優」の音読みは「ユウ」で、同音異字に「憂」がある。
★(3) イ「汚い」は、送りがなの付け方にも注意する。

19 複数の訓読みをもつ漢字②

1 次の太字のカタカナを漢字で書きましょう。

(1)
★ア 奉仕活動《ほうしかつどう》で、**ヤサ**しい気持《きも》ちを育《はぐく》む。
イ 犬《いぬ》は、嗅覚《きゅうかく》が特《とく》に**スグ**れている。

★(2)
ア 兄《あに》に勉強《べんきょう》についてアドバイスを**タノ**む。
イ エネルギー資源《しげん》を輸入《ゆにゅう》に**タヨ**る。

(3)
ア 雨天《うてん》での試合《しあい》で、ユニフォームが**ヨゴ**れた。
イ **キタナ**い川《かわ》の水質改善《すいしつかいぜん》に役立《やくだ》つ生物《せいぶつ》がいる。

★⑴ ア「ヤサ（しい）」は、同訓異字の「易（しい）」と書き間違《まちが》えないようにする。
★⑵「タノ（む）」「タヨ（る）」の部首は、「頁（おおがい）」。

20 複数の訓読みをもつ漢字③

月　日

6問中　問正解

1 次の太字の漢字の読みがなを書きましょう。

★(1)
ア　ギターを**弾**くときには、爪《つめ》の手《て》入《い》れをする。
イ　**弾**んだボールをゴールキーパーが取《と》り損《そこ》なう。

(2)
ア　動物園《どうぶつえん》から**逃**げたニホンザルを捕獲《ほかく》した。
イ★　金《きん》メダルは**逃**したが、よく健闘《けんとう》した。

(3)
ア　選挙《せんきょ》ポスターへの落書《らくが》きは、法律《ほうりつ》に**触**れる。
イ　液晶画面《えきしょうがめん》に直接《ちょくせつ》**触**って操作《そうさ》する。

★ (1)「弾」には、他に「たま」という訓読みもある。
★ (2) イ「逃す」は、送りがなの付け方にも注意する。

月　日

21 複数の訓読みをもつ漢字④

6問中　問正解

1 次の太字のカタカナを漢字で書きましょう。

(1)

ア ギターを**ヒ**くときには、爪《つめ》の手《て》入《い》れをする。

イ **ハズ**んだボールをゴールキーパーが取《と》り損《そこ》なう。

(2)

ア 動物園《どうぶつえん》から**ニ**げたニホンザルを捕獲《ほかく》した。

イ 金《きん》メダルは**ノガ**したが、よく健闘《けんとう》した。

(3)

ア 選挙《せんきょ》ポスターへの落書《らくが》きは、法律《ほうりつ》に**フ**れる。

イ 液晶画面《えきしょうがめん》に直接《ちょくせつ》**サワ**って操作《そうさ》する。

★(1) ア「ヒ（く）」を、同訓異字の「引（く）」と書き間違《まちが》えないようにする。

★(3)「フ（れる）」「サワ（る）」の部首は、「角（つのへん）」。同じ部首の「解」に注意。

22 まとめテスト②

月　日

／100点

1 次の太字の漢字の読みがなを書きましょう。（5点×10）

(1) 優勝《ゆうしょう》を**逃**す。（　　）

(2) 他人《たにん》に**頼**る。（　　）

(3) 性能《せいのう》が**優**れる。（　　）

(4) 規則《きそく》に**触**れる。（　　）

(5) 空気《くうき》が**汚**い。（　　）

(6) **拍子**を取《と》る。（　　）

(7) 小説《しょうせつ》を**執筆**する。（　　）

(8) 結果《けっか》に**納得**する。（　　）

(9) **衣装**を新調《しんちょう》する。（　　）

(10) 自然《しぜん》の**恩恵**に感謝《かんしゃ》する。（　　）

← 裏に続きます。

2 次の太字のカタカナを漢字で書きましょう。

(5点×10)

(1) 服《ふく》が**ヨゴ**れる。

(2) そっと**サワ**る。

(3) 話《はなし》が**ハズ**む。

(4) 魚《さかな》が**ニ**げる。

(5) 出前《でまえ》を**タノ**む。

(6) **シュウネン**を燃《も》やす。

(7) 仏教《ぶっきょう》を**シンコウ**する。

(8) 大《おお》きく**ハクシュ**する。

(9) **ソウショク**を施《ほどこ》す。

(10) **チエ**を働《はたら》かせる。

23 同音異義語①

月　日

6問中　問正解

1 次の太字の漢字の読みがなを書きましょう。

★(1)

ア 携帯《けいたい》ゲーム機《き》が**普及**している。

イ ゴッホの絵画《かいが》は、どれも**不朽**の名作《めいさく》だ。

長く価値を保つこと。

(2)

ア 試合《しあい》の後半《こうはん》から**攻勢**に転《てん》じる。

イ 地球《ちきゅう》にいちばん近《ちか》い**恒星**は、太陽《たいよう》だ。

★(3)

ア 動物《どうぶつ》の**奇行**について研究《けんきゅう》する。

イ 文芸誌《ぶんげいし》に追悼文《ついとうぶん》を**寄稿**する。

★(1) ア・イの他に「不休」「不急」「腐朽」などの同音異義語がある。

★(3) ア・イの他に「紀行」「帰航」「寄港」「機構」など同音異義語が多い。

24 同音異義語②

月　日

6問中　問正解

1 次の太字のカタカナを漢字で書きましょう。

(1)
ア 携帯《けいたい》ゲーム機《き》が**フキュウ**している。
イ ゴッホの絵画《かいが》は、どれも**フキュウ**の名作《めいさく》だ。

★(2)
ア 試合《しあい》の後半《こうはん》から**コウセイ**に転《てん》じる。
イ 地球《ちきゅう》にいちばん近《ちか》い**コウセイ**は、太陽《たいよう》だ。

(3)
ア 動物《どうぶつ》の**キコウ**について研究《けんきゅう》する。
イ 文芸誌《ぶんげいし》に追悼文《ついとうぶん》を**キコウ**する。

★ (2)「コウセイ」には、「厚生」「更正」「更生」など同音異義語がたくさんあるので注意。
イ「コウセイ」を、「光星」と書き間違《まちが》えないようにする。

25 同音異義語③

月　日

6問中　問正解

1 次の太字の漢字の読みがなを書きましょう。

(1)
ア 震災《しんさい》で被災《ひさい》した人《ひと》たちを**援護**する。（　　）
イ★ **縁語**とは、和歌《わか》の修辞技法《しゅうじぎほう》の一《ひと》つだ。（　　）
和歌や文中に関わりのある言葉を配置する表現技法。

(2)
ア **簡単**な方法《ほうほう》で、にせ物《もの》を見破《みやぶ》る。（　　）
イ★ 新製品《しんせいひん》の発表会場《はっぴょうかいじょう》で**感嘆**の声《こえ》が上《あ》がった。（　　）

(3)
ア 監督《かんとく》の戦術《せんじゅつ》が選手《せんしゅ》に**浸透**してきた。（　　）
イ 行政《ぎょうせい》の怠慢《たいまん》に、怒《いか》り**心頭**に発《はっ》する。（　　）
激しく怒《おこ》る。

★(1) イ「縁」を、同じ部分をもつ形のよく似た「緑」と見誤らないように注意する。
★(2) イ「嘆」には、「なげ（く）」という訓読みがある。

26 同音異義語④

月　日

6問中　問正解

1 次の太字のカタカナを漢字で書きましょう。

(1)
ア 震災《しんさい》で被災《ひさい》した人《ひと》たちを**エンゴ**する。
イ **エンゴ**とは、和歌《わか》の修辞技法《しゅうじぎほう》の一《ひと》つだ。

(2)
ア **カンタン**な方法《ほうほう》で、にせ物《もの》を見破《みやぶ》る。
★イ 新製品《しんせいひん》の発表会場《はっぴょうかいじょう》で**カンタン**の声《こえ》が上《あ》がった。

(3)
★ア 監督《かんとく》の戦術《せんじゅつ》が選手《せんしゅ》に**シントウ**してきた。
イ 行政《ぎょうせい》の怠慢《たいまん》に、怒《いか》り**シントウ**に発《はっ》する。

★(2) イ「カンタン」の「タン」を、同じ部分をもつ「難」と書き間違《まちが》えないようにする。
★(3) ア「シントウ」の「シン」を、同音異字の「侵」と書き間違えないようにする。

27 同訓異字①

月　　日

6問中　　問正解

1 次の太字の漢字の読みがなを書きましょう。

(1)
ア 土星《どせい》は、木星《もくせい》に**次**いで大《おお》きな太陽系惑星《たいようけいわくせい》だ。
イ 家業《かぎょう》を**継**いで和菓子職人《わがししょくにん》になる。

(2)
ア 予定《よてい》どおりに計画《けいかく》を**進**める。
イ ★ ファンクラブへの入会《にゅうかい》をしきりに**勧**める。

(3)
ア 酒《さけ》を製造《せいぞう》するには許可《きょか》が**要**る。
イ ★ 節分《せつぶん》のために豆《まめ》を**煎**る。

材料を火にかけ、あぶる。

★ (2) イ「勧」を、同じ部分をもつ「観」「歓」と見誤らないように注意する。
★ (3) イ「煎」には、「セン」という音読みもあり、「煎茶《せんちゃ》」などの熟語がある。

28 同訓異字②

月　日

6問中　問正解

1 次の太字のカタカナを漢字で書きましょう。

(1)
ア 土星《どせい》は、木星《もくせい》に**ツ**いで大《おお》きな太陽系惑星《たいようけいわくせい》だ。
イ 家業《かぎょう》を**ツ**いで和菓子職人《わがししょくにん》になる。

(2)
ア 予定《よてい》どおりに計画《けいかく》を**スス**める。
イ ファンクラブへの入会《にゅうかい》をしきりに**スス**める。

(3)
ア 酒《さけ》を製造《せいぞう》するには許可《きょか》が**イ**る。
イ 節分《せつぶん》のために豆《まめ》を**イ**る。

★ (1)「ツ（ぐ）」には、他に「告（ぐ）」という同訓異字もある。意味の違《ちが》いに注意。
★ (2) イ「ススめる」には、「推薦《すいせん》する」という意味の同訓異字の「薦《すす》める」もある。意味の違いに注意。

29 同訓異字③

月　日

6問中　問正解

1 次の太字の漢字の読みがなを書きましょう。

(1)
ア 競走馬《きょうそうば》が風《かぜ》を切《き》って**駆**ける。
イ 月食《げっしょく》で月《つき》が**欠**ける様子《ようす》を観察《かんさつ》する。

(2)
ア 月見草《つきみそう》は夕方《ゆうがた》から夜《よる》にかけて**咲**く。
イ★ 不得意《ふとくい》な教科《きょうか》の学習《がくしゅう》に時間《じかん》を**割**く。

(3)★
ア 説明《せつめい》を聞《き》いた**端**から忘《わす》れてしまった。
イ **箸**にも棒《ぼう》にもかからない、駄作《ださく》だ。

★(2) イ「割」には、他に「わ（る）」という訓読みがある。
★(3) 他に「橋」という同訓異字がある。意味の違《ちが》いに注意。

月　日

6問中　問正解

30 同訓異字④

1 次の太字のカタカナを漢字で書きましょう。

(1)
ア 競走馬《きょうそうば》が風《かぜ》を切《き》って**カ**ける。
イ 月食《げっしょく》で月《つき》が**カ**ける様子《ようす》を観察《かんさつ》する。

(2)
ア 月見草《つきみそう》は夕方《ゆうがた》から夜《よる》にかけて**サ**く。
イ 不得意《ふとくい》な教科《きょうか》の学習《がくしゅう》に時間《じかん》を**サ**く。

(3)
ア 説明《せつめい》を聞《き》いた**ハシ**から忘《わす》れてしまった。
イ **ハシ**にも棒《ぼう》にもかからない、駄作《ださく》だ。

★ (1)「カ(ける)」には、他に「掛(ける)」「賭(ける)」「懸(ける)」という同訓異字もある。
★ (3) イ「ハシ」を、形の似た「煮」「著」などと書き間違《まちが》えないようにする。

月　日

／100点

1 次の太字の漢字の読みがなを書きましょう。（5点×10）

(1) **奇行**を演《えん》じる。（　　）

(2) **攻勢**に転《てん》じる。（　　）

(3) **不朽**の名作《めいさく》。（　　）

(4) 深《ふか》く**感嘆**する。（　　）

(5) 方針《ほうしん》が**浸透**する。（　　）

(6) 家業《かぎょう》を**継**ぐ。（　　）

(7) 入部《にゅうぶ》を**勧**める。（　　）

(8) 茶葉《ちゃば》を**煎**る。（　　）

(9) **箸**が進《すす》む。（　　）

(10) 砂浜《すなはま》を**駆**ける。（　　）

← 裏に続きます。

2 次の太字のカタカナを漢字で書きましょう。

（5点×10）

(1) **コウセイ**が光《ひか》り輝《かがや》く。

(2) 大衆《たいしゅう》に**フキュウ**する。

(3) **カンタン**に説明《せつめい》する。

(4) 雑誌《ざっし》に**キコウ**する。

(5) 味方《みかた》を**エンゴ**する。

(6) 時間《じかん》が**イ**る。

(7) 大臣《だいじん》に**ツ**ぐ地位《ちい》。

(8) 藤《ふじ》の花《はな》が**サ**く。

(9) 糸《いと》の**ハシ**を結《むす》ぶ。

(10) 特集《とくしゅう》記事《きじ》に紙面《しめん》を**サ**く。

32 漢字と送りがな①

月　　日

5問中　　問正解

1 次の太字の漢字の読みがなを書きましょう。

(1) オルゴールが**快**い音色《ねいろ》を奏《かな》でる。

(2) サッカーの日本代表《だいひょう》チームを**率**いる監督《かんとく》。

(3) **難**しいと評判《ひょうばん》のゲームに挑戦《ちょうせん》する。

★(4) 妹《いもうと》は**朗**らかな性格《せいかく》で、皆《みな》に好《す》かれている。

人柄《ひとがら》が明るく、晴れ晴れとしている様子。

★(5) 体操部《たいそうぶ》の友人《ゆうじん》は、体《からだ》がとても**柔**らかい。

★(4)「朗らか」は、人の性質だけでなく、雲がなく光が差して晴れやかな様子を表すときにも使う。

★(5)「柔らかい」には、同訓異字の「軟らかい」がある。

33 漢字と送りがな②

5問中　問正解

1 次の太字のカタカナを漢字と送りがなで書きましょう。

★(1) オルゴールが**ココロヨイ**音色《ねいろ》を奏《かな》でる。

★(2) サッカーの日本代表《だいひょう》チームを**ヒキイル**監督《かんとく》。

(3) **ムズカシイ**と評判《ひょうばん》のゲームに挑戦《ちょうせん》する。

(4) 妹《いもうと》は**ホガラカ**な性格《せいかく》で、皆《みな》に好《す》かれている。

(5) 体操部《たいそうぶ》の友人《ゆうじん》は、体《からだ》がとても**ヤワラカイ**。

★ (1)「ココロヨイ」を、「心良い」などと書かないように注意する。
★ (2)「ヒキイル」を、形の似た「卒」と書き間違《まちが》えないようにする。

34 漢字と送りがな③

月　日

5問中　問正解

1 次の太字の漢字の読みがなを書きましょう。

(1) 野菜《やさい》不足《ぶそく》を**補**うために、野菜《やさい》ジュースを飲《の》む。

★(2) **厳**かな雰囲気《ふんいき》の中《なか》で、卒業式《そつぎょうしき》が行《おこな》われる。

いかめしくて重々しい。

(3) 校長先生《こうちょうせんせい》から貴重《きちょう》なご意見《いけん》を**承**る。

慎《つつし》んで聞く。お聞きする。

★(4) **恐**ろしいほど、暑《あつ》い日《ひ》が続《つづ》く。

(5) **暖**かい春《はる》の日差《ひざ》しが心地《ここち》よい。

★ ⑵「厳」には「きび(しい)」という訓読みもあるので、送りがなに注意して読み分ける。

★ ⑷「恐ろしい」は、似た意味の「怖《こわ》い」と違《ちが》い、「程度がひどい。ものすごい。」の意味でも使う。

35 漢字と送りがな④

月　日

5問中　問正解

1 次の太字のカタカナを漢字と送りがなで書きましょう。

★ (1) 野菜《やさい》不足《ぶそく》を**オギナウ**ために、野菜《やさい》ジュースを飲《の》む。

(2) **オゴソカ**な雰囲気《ふんいき》の中《なか》で、卒業式《そつぎょうしき》が行《おこな》われる。

(3) 校長先生《こうちょうせんせい》から貴重《きちょう》なご意見《いけん》を**ウケタマワル**。

(4) **オソロシイ**ほど、暑《あつ》い日《ひ》が続《つづ》く。

★ (5) **アタタカイ**春《はる》の日差《ひざ》しが心地《ここち》よい。

★ (1)「オギナウ」を、同音異字の「捕」「舗」と書き間違《まちが》えないようにする。
★ (5)「アタタカイ」を、同訓異字の「温かい」と書き間違えないようにする。

36 誤りやすい漢字①

月　日

5問中　問正解

1 次の太字の漢字の読みがなを書きましょう。

(1) 将来《しょうらい》は、手《て》に**職**をつけて働《はたら》きたい。

(2) 疲労《ひろう》の**原因**は、連日《れんじつ》の睡眠《すいみん》不足《ぶそく》だった。

★(3) 中学生《ちゅうがくせい》に**適**した運動量《うんどうりょう》を考《かんが》える。

★(4) 飛行機《ひこうき》を**操縦**するゲームで遊《あそ》ぶ。

(5) 英語《えいご》の発音《はつおん》の**特徴**について説明《せつめい》を受《う》ける。

★ ⑶「適」には、同音異字の「滴」「摘」「敵」がある。
★ ⑷「操縦」の「操」の訓読みは「あやつ（る）」。

37 誤りやすい漢字②

月　日

5問中　問正解

1 次の太字のカタカナを漢字で書きましょう。

★(1) 将来《しょうらい》は、手《て》に**ショク**をつけて働《はたら》きたい。

(2) 疲労《ひろう》の**ゲンイン**は、連日《れんじつ》の睡眠不足《すいみんぶそく》だった。

(3) 中学生《ちゅうがくせい》に**テキ**した運動量《うんどうりょう》を考《かんが》える。

★(4) 飛行機《ひこうき》を**ソウジュウ**するゲームで遊《あそ》ぶ。

(5) 英語《えいご》の発音《はつおん》の**トクチョウ**について説明《せつめい》を受《う》ける。

★(1)「ショク」を、同じ部分をもつ「識」「織」と書き間違《まちが》えないようにする。

★(4)「ソウジュウ」の「ソウ」を、同音異字の「燥」や同じ部分をもつ「繰」と書き間違えないように。

38 誤りやすい漢字③

月　日

5問中　問正解

1 次の太字の漢字の読みがなを書きましょう。

(1) 学校《がっこう》の**裏**には茶畑《ちゃばたけ》が広《ひろ》がっている。

(2) あまりの宿題《しゅくだい》の多《おお》さに、途方《とほう》に**暮**れる。
どうしたらよいかわからず困る。

(3) **鋼鉄**の意志《いし》をもって目標《もくひょう》を達成《たっせい》する。

★(4) 幕末《ばくまつ》に活躍《かつやく》した**偉人**の伝記《でんき》を読《よ》む。

★(5) 家族旅行《かぞくりょこう》で、古《ふる》い温泉旅館《おんせんりょかん》に**宿泊**する。

★⑷「偉人」の「偉」には、同音異字に「違」「緯」がある。
★⑸「宿泊」の「泊」には、同音異字に「伯」「拍」「迫」がある。

39 誤りやすい漢字④

月　日

5問中　問正解

1 次の太字のカタカナを漢字で書きましょう。

(1) 学校《がっこう》の**ウラ**には茶畑《ちゃばたけ》が広《ひろ》がっている。

★(2) あまりの宿題《しゅくだい》の多《おお》さに、途方《とほう》に**ク**れる。

★(3) **コウテツ**の意志《いし》をもって目標《もくひょう》を達成《たっせい》する。

(4) 幕末《ばくまつ》に活躍《かつやく》した**イジン**の伝記《でんき》を読《よ》む。

(5) 家族旅行《かぞくりょこう》で、古《ふる》い温泉旅館《おんせんりょかん》に**シュクハク**する。

★(2)「ク（れる）」を、形の似た「墓」「慕」「募」と書き間違《まちが》えないようにする。

★(3)「コウテツ」の「コウ」を、同音異字の「綱」や形の似た「網」と書き間違えないようにする。

40 まとめテスト④

月　日

／100点

1 次の太字の漢字の読みがなを書きましょう。（5点×10）

(1) 日《ひ》が**暮**れる。（　）

(2) **快**い眠《ねむ》りにつく。（　）

(3) **宿泊**の予約《よやく》をする。（　）

(4) **朗**らかな秋空《あきぞら》。（　）

(5) 新《あら》たな**職**を探《さが》す。（　）

(6) 大役《たいやく》を**承**る。（　）

(7) **偉人**の伝記《でんき》。（　）

(8) 式《しき》が**厳**かに進《すす》む。（　）

(9) ロボットの**操縦**。（　）

(10) **暖**かい部屋《へや》。（　）

← 裏に続きます。

2 次の太字のカタカナを漢字で書きましょう。（5点×10）

(1) 言葉《ことば》を**オギナ**う。（　　）

(2) **トクチョウ**のある声《こえ》。（　　）

(3) 敵《てき》の**ウラ**をかく。（　　）

(4) 戦争《せんそう》は**オソ**ろしい。（　　）

(5) 部員《ぶいん》を**ヒキ**いる。（　　）

(6) **ゲンイン**不明《ふめい》の病《やまい》。（　　）

(7) **ヤワ**らかい物腰《ものごし》。（　　）

(8) **コウテツ**の意志《いし》。（　　）

(9) 説明《せつめい》が**ムズカ**しい。（　　）

(10) 教師《きょうし》に**テキ**した人物《じんぶつ》。（　　）

41 類義語①

月　日

6問中　問正解

1 次の太字の漢字の読みがなを書きましょう。

(1)

ア 母《はは》から**留守**を預《あず》かる。

イ 郵便局《ゆうびんきょく》からの**不在**連絡票《れんらくひょう》を確認《かくにん》する。

(2)

ア 我《わ》が家《や》の犬《いぬ》は**従順**で温厚《おんこう》な性格《せいかく》だ。

イ ★ 友達《ともだち》の助言《じょげん》に**素直**に耳《みみ》を傾《かたむ》ける。

(3)

ア ★ 祖母《そぼ》からお茶《ちゃ》の入《い》れ方《かた》の**作法**を学《まな》ぶ。

イ 「親《した》しき仲《なか》にも**礼儀**あり。」と忠告《ちゅうこく》される。

★ (2) イ「素直」は、「素」を音読み、「直」を訓読みで読む言葉である。

★ (3) ア「作法」の「作」の読み方に注意。同じ読み方をする言葉に「作業」「操作」などがある。

42 類義語②

月　日

6問中　問正解

1 次の太字のカタカナを漢字で書きましょう。

(1)
ア 母《はは》から**ルス**を預《あず》かる。
イ ★ 郵便局《ゆうびんきょく》からの**フザイ**連絡票《れんらくひょう》を確認《かくにん》する。

(2)
ア 我《わ》が家《や》の犬《いぬ》は**ジュウジュン**で温厚《おんこう》な性格《せいかく》だ。
イ 友達《ともだち》の助言《じょげん》に**スナオ**に耳《みみ》を傾《かたむ》ける。

(3)
ア 祖母《そぼ》からお茶《ちゃ》の入《い》れ方《かた》の**サホウ**を学《まな》ぶ。
イ ★ 「親《した》しき仲《なか》にも**レイギ**あり。」と忠告《ちゅうこく》される。

★ (1) イ「フザイ」の「ザイ」を、同じ部分をもつ「存」と書き間違《まちが》えないようにする。
★ (3) イ「レイギ」の「ギ」を、同音異字の「義」「議」「犠」と書き間違えないようにする。

月　日

6問中　問正解

1 次の太字の漢字の読みがなを書きましょう。

(1)
ア **不意**に背後《はいご》から声《こえ》を掛《か》けられて驚《おどろ》く。
イ 友人《ゆうじん》の**突然**の転校《てんこう》の知《し》らせに悲《かな》しむ。

(2)
ア★ 世界《せかい》でも**有数**の観光地《かんこうち》に出《で》かける。
イ 県内《けんない》でも**屈指**の進学校《しんがくこう》を目指《めざ》す。

(3)
ア **尊大**な態度《たいど》で周囲《しゅうい》のひんしゅくを買《か》う。
イ★ 一人《ひとり》で何《なん》でもできると思《おも》うのは**傲慢**だ。

★ (2) ア「有数」の「有」には二つの音読みがあるが、ここでは「有利」「有意義」などと同じ読み方。
★ (3) イ「傲慢」の「傲」を使った熟語の「傲岸」も、「傲慢」とほぼ同義の言葉である。

44 類義語④

月　日

6問中　問正解

1 次の太字のカタカナを漢字で書きましょう。

(1)

ア **フイ**に背後《はいご》から声《こえ》を掛《か》けられて驚《おどろ》く。

イ 友人《ゆうじん》の**トツゼン**の転校《てんこう》の知《し》らせに悲《かな》しむ。

(2)

ア 世界《せかい》でも**ユウスウ**の観光地《かんこうち》に出《で》かける。

イ★ 県内《けんない》でも**クッシ**の進学校《しんがくこう》を目《め》ざす。

(3)

ア **ソンダイ**な態度《たいど》で周囲《しゅうい》のひんしゅくを買《か》う。

イ★ 一人《ひとり》で何《なん》でもできると思《おも》うのは**ゴウマン**だ。

★ (2) イ 「クッシ」の「クツ」を、同音異字の「掘」、同じ部分をもつ「堀」と書き間違《まちが》えないように。
★ (3) イ 「ゴウマン」の「マン」を、同音異字の「漫」と書き間違えないようにする。

月　日

6問中　問正解

1 次の太字の漢字の読みがなを書きましょう。

(1)

ア 平日《へいじつ》の夕方《ゆうがた》や休日《きゅうじつ》に校庭《こうてい》を**開放**する。

イ 風邪《かぜ》が流行《りゅうこう》して学級《がっきゅう》**閉鎖**になる。

(2)

ア★ **普通**であれば、今頃《いまごろ》はとっくに起《お》きている。

イ 入院中《にゅういんちゅう》の祖母《そぼ》が、**特別**に外出《がいしゅつ》を許可《きょか》される。

(3)

ア★ ごく**平凡**な人生《じんせい》だが幸《しあわ》せだ。

イ モーツァルトは**非凡**な才能《さいのう》をもつ音楽家《おんがくか》だ。

★ (2) ア「普通」の類義語には、「普段」「通常」「平常」などがある。
★ (3) ア「平凡」の類義語には、「凡庸《よう》」がある。

月　日

6問中　問正解

1

次の太字のカタカナを漢字で書きましょう。

(1)

★ア　平日《へいじつ》の夕方《ゆうがた》や休日《きゅうじつ》に校庭《こうてい》を**カイホウ**する。

イ　風邪《かぜ》が流行《りゅうこう》して学級《がっきゅう》**ヘイサ**になる。

(2)

★ア　**フツウ**であれば、今頃《いまごろ》はとっくに起《お》きている。

イ　入院中《にゅういんちゅう》の祖母《そぼ》が、**トクベツ**に外出《がいしゅつ》を許可《きょか》される。

(3)

ア　ごく**ヘイボン**な人生《じんせい》だが幸《しあわ》せだ。

イ　モーツァルトは**ヒボン**な才能《さいのう》をもつ音楽家《おんがくか》だ。

★ (1) ア「カイホウ」を、同音異義語の「解放」と書かないように注意する。

★ (2) ア「フツウ」を、同音異義語の「不通」と書かないように注意する。

対義語③

月　日

6問中　問正解

1 次の太字の漢字の読みがなを書きましょう。

(1)

ア ★ 刺激《しげき》に**敏感**な肌《はだ》に合《あ》うクリームを探《さが》す。

イ 辛《から》いものを食《た》べ過《す》ぎて、味覚《みかく》が**鈍感**になる。

(2)

ア 思慮分別《しりょふんべつ》を欠《か》いた**軽率**な行動《こうどう》を反省《はんせい》する。

イ 高《たか》い商品《しょうひん》なので、特《とく》に**慎重**に選《えら》んだ。

(3)

ア ★ 搾《しぼ》りたての牛乳《ぎゅうにゅう》は、**濃厚**でおいしい。

色や味などが濃《こ》いこと。

イ この白身魚《しろみざかな》は、**淡泊**な味《あじ》が魅力《みりょく》だ。

味や色などが薄《うす》くて、あっさりしていること。

★ (1) ア「敏感」の類義語には、「鋭敏《えいびん》」がある。

★ (3) ア「濃厚」が「気体などの濃度が濃《こ》い。」という意味の場合、対義語は「希薄《きはく》」である。

48 対義語④

6問中　問正解

1

次の太字のカタカナを漢字で書きましょう。

(1)

ア 刺激《しげき》に**ビンカン**な肌《はだ》に合《あ》うクリームを探《さが》す。

イ 辛《から》いものを食《た》べ過《す》ぎて、味覚《みかく》が**ドンカン**になる。

(2)

ア★ 思慮分別《しりょふんべつ》を欠《か》いた**ケイソツ**な行動《こうどう》を反省《はんせい》する。

イ★ 高《たか》い商品《しょうひん》なので、特《とく》に**シンチョウ**に選《えら》んだ。

(3)

ア 搾《しぼ》りたての牛乳《ぎゅうにゅう》は、**ノウコウ**でおいしい。

イ この白《しろ》身《み》魚《ざかな》は、**タンパク**な味《あじ》が魅力《みりょく》だ。

★ (2) ア「ケイソツ」の「ソツ」は、同音異字の「卒」と書き間違《まちが》えないようにする。

★ (2) イ「シンチョウ」には、「身長」「伸長」「新調」など同音異義語がたくさんあるので注意。

月　　日

／100点

1 次の太字の漢字の読みがなを書きましょう。（5点×10）

(1) **礼儀**正《ただ》しい人物《じんぶつ》。（　　）

(2) 世界《せかい》**屈指**の大富豪《だいふごう》。（　　）

(3) **傲慢**な態度《たいど》。（　　）

(4) **突然**、雨《あめ》が降《ふ》る。（　　）

(5) **素直**に指示《しじ》に従《したが》う。（　　）

(6) **慎重**を期《き》する。（　　）

(7) **非凡**な作風《さくふう》。（　　）

(8) 敗色《はいしょく》が**濃厚**だ。（　　）

(9) **敏感**に反応《はんのう》する。（　　）

(10) 銀行《ぎんこう》の**普通**預金《よきん》。（　　）

← 裏に続きます。

2 次の太字のカタカナを漢字で書きましょう。

(1) **フイ**を突《つ》かれる。（　　）

(2) **ルス**を頼《たの》まれる。（　　）

(3) **ソンダイ**な話《はな》し方《かた》。（　　）

(4) 食事《しょくじ》の**サホウ**。（　　）

(5) **ジュウジュン**な態度《たいど》。（　　）

(6) **ケイソツ**な判断《はんだん》。（　　）

(7) **タンパク**な人柄《ひとがら》。（　　）

(8) 門戸《もんこ》の**カイホウ**。（　　）

(9) 今年《ことし》は**トクベツ**に寒《さむ》い。（　　）

(10) 刺激《しげき》に**ドンカン**だ。（　　）

（5点×10）

50 三字熟語①

月　日

5問中　問正解

1 次の太字の漢字の読みがなを書きましょう。

(1) **郵便局**の窓口《まどぐち》で祖父母《そふぼ》への荷物《にもつ》を送《おく》る。

(2) 落《お》とし物《もの》は**警視庁**遺失物《いしつぶつ》センターに送《おく》られる。

(3) 病院《びょういん》で**再検査**が必要《ひつよう》と診断《しんだん》される。

(4) **看護師**の優《やさ》しい笑顔《えがお》に励《はげ》まされる。

(5) 交通事故《こうつうじこ》で**致命傷**を負《お》う。

死亡の直接の原因となるような傷。

★ (1)「郵便局」の「便」には音読みが二つある。「便利・簡便・便所・検便」などの場合「ベン」と読む。

★ (5)「致命傷」の「致」は、「トウ」と読む「到」「倒」や「シ」と読む「至」と読み間違《まちが》えないように。

三字熟語②

月　日

5問中　問正解

1 次の太字のカタカナを漢字で書きましょう。

(1) **ユウビンキョク**の窓口《まどぐち》で祖父母《そふぼ》への荷物《にもつ》を送《おく》る。

★(2) 落《お》とし物《もの》は**ケイシチョウ**遺失物《いしつぶつ》センターに送《おく》られる。

★(3) 病院《びょういん》で**サイケンサ**が必要《ひつよう》と診断《しんだん》される。

(4) **カンゴシ**の優《やさ》しい笑顔《えがお》に励《はげ》まされる。

(5) 交通事故《こうつうじこ》で**チメイショウ**を負《お》う。

★ (2)「ケイシチョウ」の「ケイ」を、同音異字の「敬」や同じ部分をもつ「驚」と書き間違《まちが》えないように。
★ (3)「サイケンサ」の「ケン」を、同音異字の「険」「験」「倹」「剣」と書き間違えないようにする。

三字熟語③

月　日

5問中　問正解

1 次の太字の漢字の読みがなを書きましょう。

(1) 今年《ことし》の秋《あき》の**展覧会**のスケジュールを調《しら》べる。

(2) 現代《げんだい》は**価値観**が多様化《たようか》している。

(3) 憧《あこが》れの先輩《せんぱい》に褒《ほ》められて**有頂天**になる。

すっかり喜んで得意になること。

★ (4) **修行僧**から精進料理《しょうじんりょうり》の歴史《れきし》を聞《き》く。

★ (5) 阿倍仲麻呂《あべのなかまろ》は、**遣唐使**の一人《ひとり》である。

7～9世紀ごろに、中国の文化や学問を取り入れるため、唐（今の中国）に送られた使節。

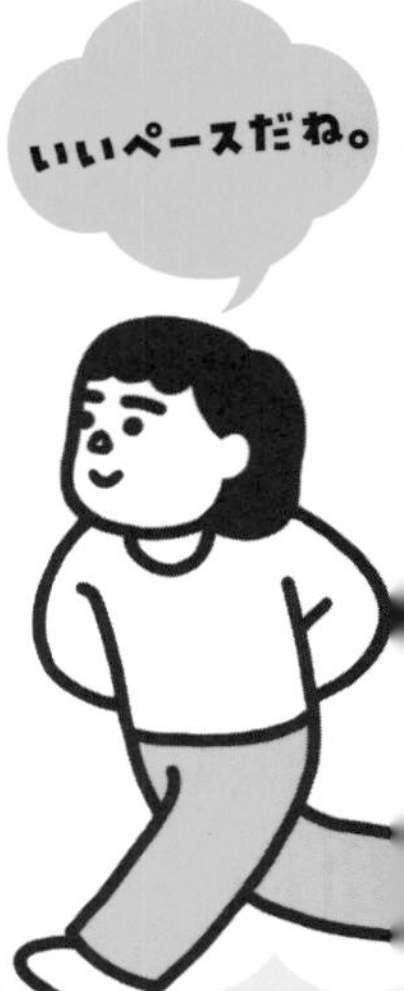

★ (4)「修行僧」の「修」には二つの音読みがあるが、「修正・研修」などの「修」の読み方のほうが多い。

★ (5)「遣唐使」の「唐」を音読みする言葉には、他に「唐辛子《がらし》・唐突《とつ》・荒《こう》唐無稽《むけい》」などがある。

53 三字熟語④

月　日

5問中　問正解

1 次の太字のカタカナを漢字で書きましょう。

(1) 今年《ことし》の秋《あき》の**テンランカイ**のスケジュールを調《しら》べる。

(2) 現代《げんだい》は**カチカン**が多様化《たようか》している。

(3) 憧《あこが》れの先輩《せんぱい》に褒《ほ》められて**ウチョウテン**になる。

★(4) **シュギョウソウ**から精進料理《しょうじんりょうり》の歴史《れきし》を聞《き》く。

★(5) 阿倍仲麻呂《あべのなかまろ》は、**ケントウシ**の一人《ひとり》である。

★ (4)「シュギョウソウ」の「ソウ」を、同じ部分をもち「ゾウ」と読む「増」「贈」と書き間違《まちが》えない。

★ (5)「ケントウシ」の「ケン」を、形の似た「遣」と書き間違えないようにする。

四字熟語①

月　日

5問中　問正解

1 次の太字の漢字の読みがなを書きましょう。

(1) **臨機応変**に行動《こうどう》して、難局《なんきょく》を切《き》り抜《ぬ》けた。

その時々の場面に応じて、適切な処理をすること。

(2) この俳優《はいゆう》は、**大器晩成**型《がた》だと言《い》われている。

優《すぐ》れた人物は若い頃《ころ》は目立たないで、時間をかけて立派になるということ。

(3) 相手《あいて》が弱《よわ》いチームであっても**油断大敵**だ。

失敗や事故のもとになるので、油断は恐《おそ》ろしい敵であるということ。

(4) 火事《かじ》の中《なか》、**危機一髪**のところで救出《きゅうしゅつ》された。

今にも危ないことが起こりそうな、切羽《せっぱ》詰まった状態や場合。

(5) 電車内《でんしゃない》で**傍若無人**に騒《さわ》ぐ団体《だんたい》に腹《はら》を立《た》てる。

そばに人がいないかのように、勝手気ままに振る舞うこと。

★ (1)「臨機応変」は、「臨機」も「応変」も、ほぼ同じ意味の言葉が組み合わさった四字熟語である。

★ (5)「傍若無人」の「若」は中学で習う音読み。他に「若輩《はい》・若年層」などの言葉がある。

55 四字熟語②

1 次の太字のカタカナを漢字で書きましょう。

(1) **リンキオウヘン**に行動《こうどう》して、難局《なんきょく》を切《き》り抜《ぬ》けた。

(2) この俳優《はいゆう》は、**タイキバンセイ**型《がた》だと言《い》われている。

★(3) 相手《あいて》が弱《よわ》いチームであっても**ユダンタイテキ**だ。

★(4) 火事《かじ》の中《なか》、**キキイッパツ**のところで救出《きゅうしゅつ》された。

(5) 電車内《でんしゃない》で**ボウジャクブジン**に騒《さわ》ぐ団体《だんたい》に腹《はら》を立《た》てる。

★ (3)「ユダンタイテキ」の「テキ」は、同音異字の「適」「摘」「滴」と、同じ部分をもつ「嫡《ちゃく》」に注意。
★ (4)「キキイッパツ」の「パツ」は、「発」と書き間違《まちが》えることが多いので注意。

四字熟語③

月　日

5問中　問正解

1 次の太字の漢字の読みがなを書きましょう。

(1) 部員《ぶいん》から**異口同音**に賛成《さんせい》の声《こえ》が上《あ》がる。

多くの人が、申し合わせたように同じことを言うこと。

(2) 田舎《いなか》の祖父《そふ》は**晴耕雨読**の生活《せいかつ》を送《おく》っている。

晴れた日には田畑を耕し、雨の日には読書をして過ごすような、仕事に縛《しば》られない生活を送ること。

(3) 難《むずか》しい数学《すうがく》の問題《もんだい》に**悪戦苦闘**する。

困難を乗り越えるために、非常に努力すること。

(4) 目的《もくてき》を失《うしな》って、**五里霧中**の状態《じょうたい》である。

心が迷って、どうしたらよいかわからないこと。

(5) 常《つね》に部屋《へや》の**整理整頓**を心掛《こころが》ける。

★ ⑴「異口同音」の「口」には二つの音読みがあるが、ここでは「口調」と同じ読み方をする。

★ ⑷「五里霧中」は中国の故事からできた言葉。「里」は昔の距離《きょり》の単位で、一里は約四キロメートル。

57 四字熟語④

月　日

5問中　問正解

1 次の太字のカタカナを漢字で書きましょう。

★ (1) 部員《ぶいん》から**イクドウオン**に賛成《さんせい》の声《こえ》が上《あ》がる。

(2) 田舎《いなか》の祖父《そふ》は**セイコウウドク**の生活《せいかつ》を送《おく》っている。

(3) 難《むずか》しい数学《すうがく》の問題《もんだい》に**アクセンクトウ**する。

★ (4) 目的《もくてき》を失《うしな》って、**ゴリムチュウ**の状態《じょうたい》である。

(5) 常《つね》に部屋《へや》の**セイリセイトン**を心《こころ》掛《が》ける。

★ (1)「イクドウオン」の「ク」を、「句」と書き間違《まちが》えることが多いので注意。
★ (4)「ゴリムチュウ」の「ム」を、「夢」と書き間違えることが多いので注意。

月　日

／100点

1 次の太字の漢字の読みがなを書きましょう。（10点×5）

(1) 献金疑惑《けんきんぎわく》が**致命傷**となって、落選《らくせん》する。

(2) **修行僧**が、日々《ひび》厳《きび》しい行《ぎょう》に励《はげ》む。

(3) **整理整頓**の達人《たつじん》からコツを伝授《でんじゅ》される。

(4) **危機一髪**のところで事故《じこ》をまぬかれる。

(5) 決勝試合《けっしょうじあい》で、強敵《きょうてき》を相手《あいて》に**悪戦苦闘**する。

← 裏に続きます。

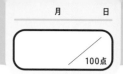

2 次の太字のカタカナを漢字で書きましょう。（10点×5）

(1) **ケイシチョウ**が交通安全《こうつうあんぜん》を呼《よ》びかける。（　　）

(2) 年代別《ねんだいべつ》の**カチカン**の相違《そうい》を調査《ちょうさ》する。（　　）

(3) 学芸員《がくげいいん》が**テンランカイ**の魅力《みりょく》を解説《かいせつ》する。（　　）

(4) 人々《ひとびと》が**イクドウオン**に賞賛《しょうさん》の言葉《ことば》を叫《さけ》ぶ。（　　）

(5) 医師《いし》が急患《きゅうかん》に**リンキオウヘン**に処置《しょち》を施《ほどこ》す。（　　）

月　日

5問中　問正解

1 次の太字の漢字の読みがなを書きましょう。

★(1) 兄弟《きょうだい》の成績《せいせき》は、どんぐりの**背**比《くら》べだ。

どれを取っても似たりよったりで、特に優《すぐ》れたものがないこと。

(2) 果報《かほう》は**寝**て待《ま》てというように、焦《あせ》らず待《ま》とう。

焦らず時機が来るのを待つのがよい。

★(3) 相手《あいて》を納得《なっとく》させるには、論《ろん》より**証拠**だ。

納得させるには、議論よりも証拠を示すほうがよい。

(4) 石橋《いしばし》をたたいて**渡**るように、慎重《しんちょう》に行動《こうどう》する。

とても用心深く物事を行うこと。

(5) 彼《かれ》がチームに加《くわ》われば、**鬼**に金棒《かなぼう》だ。

強い者がよい条件を得て、さらに強くなること。

★⑴「背」は、訓読みで読む。他に「せ」「そむ（く）」という訓読みもある。

★⑶「拠」は、「拠点」「根拠」などの熟語は、「きょてん」「こんきょ」という音読みで読む。

60 ことわざ②

月　日

5問中　問正解

1 次の太字のカタカナを漢字で書きましょう。

(1) 兄弟《きょうだい》の成績《せいせき》は、どんぐりの**セイ**比《くら》べだ。

(2) 果報《かほう》は**ネ**て待《ま》てというように、焦《あせ》らず待《ま》とう。

(3) 相手《あいて》を納得《なっとく》させるには、論《ろん》より**ショウコ**だ。

(4) 石橋《いしばし》をたたいて**ワタ**るように、慎重《しんちょう》に行動《こうどう》する。

(5) 彼《かれ》がチームに加《くわ》われば、**オニ**に金棒《かなぼう》だ。

★ (1)「セイ」は、形の似た「肯」と書き間違《まちが》えないようにする。
★ (5)「オニ」は、同じ部首の「魂」「魅」「魔」とまとめて覚えておく。

61 ことわざ③

月　日

5問中　問正解

1 次の太字の漢字の読みがなを書きましょう。

(1) 引《ひ》っ越《こ》しから五年《ごねん》、まさに**光陰**矢《や》のごとしだ。

月日のたつのは、矢の飛ぶように早い。

(2) **壁**に耳《みみ》あり障子《しょうじ》に目《め》ありなので、注意《ちゅうい》して話《はな》す。

誰がどこで聞いているか見ているかわからないこと。

(3) 立《た》つ鳥《とり》**跡**を濁《にご》さずというように、会場《かいじょう》を掃除《そうじ》する。

何事も後始末をきれいにすべきである。

(4) **枯**れ木《き》も山《やま》のにぎわいというので、私《わたし》も参加《さんか》します。

つまらないものでも、ないよりはあったほうがよい。

(5) 忘《わす》れ物《もの》をしたうえに電車《でんしゃ》が遅《おく》れ、泣《な》き面《つら》に**蜂**だ。

不運の上に、さらにまた不運が重なること。

★ (1)「光陰」は、音読みで読む熟語である。

★ (5)「蜂」の音読みは「ホウ」で、同音異字に「峰」がある。

62 ことわざ④

1 次の太字のカタカナを漢字で書きましょう。

(1) 引《ひ》っ越《こ》しから五年《ごねん》、まさに**コウイン**矢《や》のごとしだ。（　　）

★(2) **カベ**に耳《みみ》あり障子《しょうじ》に目《め》ありなので、注意《ちゅうい》して話《はな》す。（　　）

★(3) 立《た》つ鳥《とり》**アト**を濁《にご》さずというように、会場《かいじょう》を掃除《そうじ》する。（　　）

(4) **カ**れ木《き》も山《やま》のにぎわいというので、私《わたし》も参加《さんか》します。（　　）

(5) 忘《わす》れ物《もの》をしたうえに電車《でんしゃ》が遅《おく》れ、泣《な》き面《つら》に**ハチ**だ。（　　）

★ (2)「カベ」は、形の似た「壁」と書き間違《まちが》えないようにする。

★ (3)「アト」は、同訓異字の「後」ではないので注意する。

63 慣用句①

月　日

5問中　問正解

1 次の太字の漢字の読みがなを書きましょう。

★(1) 矛盾《むじゅん》した発言《はつげん》で、**墓穴**を掘《ほ》ってしまった。

自分の身を滅《ほろ》ぼすようなことを自分でする。

(2) 相手《あいて》に一泡《ひとあわ》**吹**かせるために、努力《どりょく》する。

人の不意を突いて驚かせる。

(3) 横車《よこぐるま》を**押**すような無理《むり》な意見《いけん》には反対《はんたい》する。

車を横向きに押すように、筋道の通らないことを無理に押し通すこと。

(4) 峠《とうげ》を**越**したようで、病気《びょうき》が快復《かいふく》に向《む》かう。

物事の盛《さか》んな時期や非常に危険な時期が過ぎる。

★(5) 話《はな》しに**尾**ひれをつけて、大《おお》げさに語《かた》る。

事実以外のことを付け加えて、話を大げさにする。

★(1)「墓穴」は、「はかあな」と訓読みでも読めるが、この慣用句では音読みで読む。

★(5)「尾」は、訓読みで読む。「首尾」「末尾」のように「ビ」という音読みもある。

64 慣用句②

月　日

5問中　問正解

1 次の太字のカタカナを漢字で書きましょう。

(1) 矛盾《むじゅん》した発言《はつげん》で、**ボケツ**を掘《ほ》ってしまった。

(2) 相手《あいて》に一泡《ひとあわ》**フ**かせるために、努力《どりょく》する。

(3) 横車《よこぐるま》を**オ**すような無理《むり》な意見《いけん》には反対《はんたい》する。

★(4) 峠《とうげ》を**コ**したようで、病気《びょうき》が快復《かいふく》に向《む》かう。

★(5) 話《はなし》に**オ**ひれをつけて、大《おお》げさに語《かた》る。

★(4)「コ（す）」を、同訓異字の「超《こ》（す）」と書き間違《まちが》えないようにする。
★(5)「オ」の部首は、「尸（しかばね）」である。

65 慣用句③

月　日

5問中　問正解

1 次の太字の漢字の読みがなを書きましょう。

★
(1) 母《ぼ》校《こう》の優勝《ゆうしょう》のために、一肌《ひとはだ》**脱**いで協力《きょうりょく》する。

人を助けるために、自分の力を貸す。

（　　）

★
(2) 政治家《せいじか》が不適切《ふてきせつ》な発言《はつげん》をして、**馬脚**をあらわす。

隠《かく》していたことが表に出る。

（　　）

(3) 料理《りょうり》については、少《すこ》しばかり**腕**に覚《おぼ》えがある。

力や技《わざ》に自信がある。

（　　）

(4) 味方《みかた》に裏切《うらぎ》られて、**煮**え湯《ゆ》を飲《の》まされた気分《きぶん》だ。

信用していた人に裏切られて、ひどい目に遭《あ》う。

（　　）

★
(5) だんだん、**尻**上《あ》がりに調子《ちょうし》がよくなってきた。

状態が後になるほどよくなる。

（　　）

★ (2)「馬脚」は、音読みで読む熟語である。

★ (5)「尻」を使った言葉には、他に「尻馬に乗る」「尻切れとんぼ」「尻下がり」などがある。

月　日

5問中　問正解

1 次の太字のカタカナを漢字で書きましょう。

(1) 母校《ぼこう》の優勝《ゆうしょう》のために、一肌《ひとはだ》**ヌ**いで協力《きょうりょく》する。

★(2) 政治家《せいじか》が不適切《ふてきせつ》な発言《はつげん》をして、**バキャク**をあらわす。

(3) 料理《りょうり》については、少《すこ》しばかり**ウデ**に覚《おぼ》えがある。

★(4) 味方《みかた》に裏切《うらぎ》られて、**ニ**え湯《ゆ》を飲《の》まされた気分《きぶん》だ。

(5) だんだん、**シリ**上《あ》がりに調子《ちょうし》がよくなってきた。

★ (2)「キャク」は、「足」と同訓の漢字である。
★ (4)「二」は、形の似た「著」「箸」などと書き間違《まちが》えないようにする。

67 まとめテスト⑦

月　日

/100点

1 次の太字の漢字の読みがなを書きましょう。（10点×5）

(1) 論《ろん》より**証拠**とばかり、実演《じつえん》してみせる。

(2) 彼《かれ》は、石橋《いしばし》をたたいて**渡**るような性格《せいかく》だ。

(3) 道《みち》に迷《まよ》ったうえに財布《さいふ》も落《お》として、泣《な》き面《つら》に**蜂**だ。

(4) 逆転《ぎゃくてん》ゴールを決《き》めて、敵《てき》に一泡《ひとあわ》**吹**かせる。

(5) 話《はなし》に**尾**ひれをつけて、他人《たにん》に伝《つた》える。

← 裏に続きます。

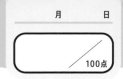

2 次の太字のカタカナを漢字で書きましょう。（10点×5）

(1) 肝心《かんじん》なときに逃《に》げ出《だ》して、**バキャク**をあらわす。

(2) 立《た》つ鳥《とり》**アト**を濁《にご》さずという言葉《ことば》どおり、引《ひ》っ越《こ》し前《まえ》に掃除《そうじ》をする。

(3) 努力《どりょく》のかいがあって、**シリ**上《あ》がりに成績《せいせき》がよくなってきた。

(4) チームの優勝《ゆうしょう》のために、一肌《ひとはだ》**ヌ**いでコーチを引《ひ》き受《う》ける。

(5) この辞書《じしょ》さえ手《て》に入《はい》れば、**オニ**に金棒《かなぼう》だ。

復習テスト①

月　日

／100点

1 次の太字の漢字の読みがなを書きましょう。（5点×10）

(1) **器**の大《おお》きな人物《じんぶつ》。

(2) 片《かた》っ**端**から調《しら》べる。

(3) **拍子**抜《ぬ》けする。

(4) **土産**話《ばなし》を聞《き》く。

(5) **恒星**が爆発《ばくはつ》する。

(6) **閉鎖**的《てき》な雰囲気《ふんいき》。

(7) 事件《じけん》に**仰天**する。

(8) **平凡**な作品《さくひん》。

(9) AI《エーアイ》が**普及**する。

(10) **迷子**の子犬《こいぬ》を保護《ほご》する。

← 裏に続きます。

2 次の太字のカタカナを漢字で書きましょう。

（5点×10）

(1) **フクツウ**を起《お》こす。

(2) 明《あか》るい**エガオ**。

(3) 生来《せいらい》の**ショウブン**。

(4) ピアノを**ヒ**く。

(5) **ケイエイ**学《がく》を学《まな》ぶ。

(6) 被災者《ひさいしゃ》の**エンゴ**。

(7) **ホガ**らかに話《はな》す。

(8) **ホド**なく完成《かんせい》する。

(9) 父《ちち》は今《いま》**フザイ**だ。

(10) **イジン**から学《まな》ぶ。

69 復習テスト②

月　日

／100点

1 次の太字の漢字の読みがなを書きましょう。（10点×5）

(1) 卒業《そつぎょう》してから早一年《はやいちねん》、**光陰**矢《や》のごとしだと感《かん》じる。

(2) **傍若無人**な振《ふ》る舞《ま》いで、周囲《しゅうい》のひんしゅくを買《か》う。

(3) 不用意《ふようい》な発言《はつげん》で、経営者《けいえいしゃ》が**馬脚**をあらわす。

(4) **遣唐使**の歴史《れきし》について勉強《べんきょう》する。

(5) 政局《せいきょく》が混乱《こんらん》し、**五里霧中**の状態《じょうたい》に陥《おちい》る。

← 裏に続きます。

2 次のカタカナを漢字で書きましょう。

（10点×5）

(1) 選手達《せんしゅたち》の実力《じつりょく》は、どんぐりの**セイ**比《くら》べだ。

(2) 何《なに》もかも正直《しょうじき》に話《はな》してしまい、**ボケツ**を掘《ほ》る。

(3) 志望校《しぼうこう》に合格《ごうかく》して、**ウチョウテン**になる。

(4) 仲間《なかま》から**ニ**え湯《ゆ》を飲《の》まされ、つらい気持《きも》ちになる。

(5) 今回《こんかい》が成績優秀《せいせきゆうしゅう》であっても、**ユダンタイテキ**だ。

解答

間違《まちが》えた問題は、できるようになるまで、繰《く》り返し練習しましょう。

01 小学校で学習した漢字①

(1) たし
(2) あらわ
(3) そうぞう
(4) ごかい
(5) ざっこく

▼解説

(1)「確かめる」は送りがなも正しく覚えよう。「確める」などとしないように。

(2)「現す」は、「今まで隠《かく》れていたものを、見えるようにする。」という意味。今まで見えなかったものを具体的な形にして見せるときに使う。「現れる」の場合も同様である。

(3)「創」は同じ部分をもつ「倉」と同じ音読みなので、合わせて覚えよう。「倉」を音読みする言葉には、「倉庫」「穀倉」などの言葉がある。

(5)「雑」には「ザツ」と「ゾウ」の二つの音読みがあることに注意。「ザツ」と読む言葉には「雑談」「複雑」など、「ゾウ」と読む言葉には、「雑木林」「雑巾《ぞうきん》」「雑煮《ぞうに》」などがあるので、まとめて覚えておこう。

02 小学校で学習した漢字②

(1) 確
(2) 現
(3) 創造
(4) 誤解
(5) 雑穀

▼解説

(1)「確」は「冖」の部分を「宀」と書かないように注意。

(2)「現す」は、同訓異字に注意。「表す」は「考え・気持ちなどを、文章や絵、表情などで示す。」、「著《あらわ》す」は「自分の考えや研究などを本にして世の中に出す。」という意味。特に「表す」との使い分けに注意。こちらは内面を外側に示すときに使う。「表れる」の場合も同様。また、送りがなを「現わす」などとしないように注意。

(3)「創造」は、ここでは「神が宇宙や万物《ばんぶつ》をつくること。」という意味で使われている。この他「新しいものをつくり出すこと。」という意味もあり、「創造性豊かな作品。」などのように使う。同音異義語の「想像」は「実際には経験していないことなどを、心の中で思い浮《う》かべること。」という意味。

(4)「誤」の訓読みは「あやま（る）」。同訓異字の「謝《あやま》る」と書き分ける。「誤る」は「間違《まちが》える」、「謝る」は「わびる」の意味。

(5)「穀」の「禾」の部分を「木」と書かないように。

03 小学校で学習した漢字③

(1) こころざ
(2) けいえい
(3) ひはん
(4) おさな
(5) ふくつう

▼解説

(2)「経」は同じ部分をもつ「軽」「径」と同じ音読みなので、まとめて覚えておく。「軽」には「軽快」「軽《けい》率《そつ》」、「径」には「直径」「半径」などの言葉がある。

(4)「幼い」は送りがなも正しく覚えよ

う。「幼ない」などとしないように。

(5)「腹」は、同じ部分をもつ同音異字の「復」「複」と正しく使い分けできるようにしよう。「復」には「復習」「往復」「回復」、「複」には「複数」「複雑」「重複」などの言葉がある。

04 小学校で学習した漢字④

(1) 志
(2) 経営
(3) 批判
(4) 幼
(5) 腹痛

▼解説

(1)「志」の「士」の部分を、「土」と書かないように。

(2)「営」の「⺍」の部分を「⺌」と書かないように。

(4)「幼」は形の似た「幻」と書き間違《まちが》えないように。「幻」は「幻想的《げんそうてき》」「幻《まぼろし》を見る」などと使う。

(5)「腹」の部首は「⺼（にくづき）」。「腸」「肺」「脳」「臓」など、同じ部首で体の部分を表す漢字はまとめて覚えておこう。

05 中学校で学習する音訓①

(1) したく
(2) うつわ
(3) しょうぶん
(4) さか
(5) そこ

▼解説

(1)「度」を「タク」と読む言葉は「支度」くらいで、多くは「ド」というもう一つの音読みで読む。「度胸」「制度」「速度」などの言葉がある。

(2)「器《うつわ》」は「入れ物」の意味の他に、「ある地位にふさわしい能力や才能。」という意味もある。例えば、「大田《おおた》さんは生徒会長も務《つと》まる器だ。」など。

(3)「性」を「ショウ」と読む言葉には、他に「性根《しょうね》」「根性《こんじょう》」「魔性《ましょう》」などがある。

(4)「盛」を「さか(る)・さか(ん)」と読む言葉には「盛り場」、「も(る)」と読む言葉には「盛り上がる」「盛り付け」「大盛り」などがある。

06 中学校で学習する音訓②

(1) 支度（仕度）
(2) 器
(3) 性分
(4) 盛
(5) 損

▼解説

(2)「器《うつわ》」は送りがなの付かない訓読みの言葉であることに注意。

(3)「性」を「正直」の「正」などと書き間《ま》違《ちが》えないように。

(5)「損《そこ》ねる」は、「損なう」と同じ意味の言葉。送りがなを「損る」「損う」などとしないように注意。

07 中学校で学習する音訓③

(1) ため
(2) むく
(3) ちまなこ
(4) ほど
(5) いちお

▼解説

(1)「試」には、「こころ(みる)」という訓読みもある。「試《ため》す」とほぼ同じ意味の言葉である。

(3)「眼《まなこ》」は、「目・目玉」という意味の言葉で、文章語的な使い方をする。

(4)「程《ほど》」は「程なく」「程よい」「程遠い」「程程に」のように複合語としても使う。

(5)「推」を「スイ」という音読みで読む

「推薦《すいせん》」という言葉も覚えよう。「薦」には「すす（める）」という訓読みがある。

08 中学校で学習する音訓④

(1) 試
(2) 報
(3) 血眼
(4) 程
(5) 一推（一押）

▼解説
(1)「試《ため》す」は「試しに」「試し履《ば》き」などの形でも使う。
(2)「報《むく》いる」は送りがなも正しく覚えよう。「報る」などとしないように。「報いる」は「人から受けた物事に対してふさわしいお返しをする。」の意味なので、「恩に報いる」は「恩を返す」と同じ「相手にしてもらったありがたい行為《こうい》に対してお返しをする。」という意味になる。

09 特別な読み方の言葉①

(1) まいご
(2) めがね
(3) かぜ
(4) えがお
(5) ここち

▼解説
(1)「まよいご」などと読まないように。
(2)「眼鏡《めがね》」は音読みすれば「ガンキョウ」。「特別な読み方」という問題の指示に注意して答えるようにしよう。
(3)「風邪《かぜ》」は「風邪薬」「風邪声」「鼻風邪」などのように複合語としても使う。
(5)「こころち」「しんち」「しんじ」などと読まないように。「心地《ここち》」は「気持ち・気分」という意味の言葉。「乗り心地」「夢見心地」などのようにも使う。また、「天にも昇《のぼ》る心地」で、「とてもうれしい気持ち」を表す。「心地よい」という形容詞の言葉としても使われる。

10 特別な読み方の言葉②

(1) 迷子
(2) 眼鏡
(3) 風邪
(4) 笑顔
(5) 心地

▼解説
(2)「眼」の「艮」の部分を「良」と書かないように。「眼鏡《めがね》」には「視力を調整したりするための道具。」という意味の他に、「物のよしあしを見極《みきわ》める目。」という意味もある。例えば、「眼鏡違《ちが》い」「眼鏡にかなう。」「眼鏡が狂《くる》う。」「色眼鏡で見る。」などのように使う。

11 特別な読み方の言葉③

(1) しみず
(2) いなか
(3) みやげ
(4) しばふ
(5) ゆくえ

▼解説
(1)「清水」を「きよみず」と読めば、京都の地名を表す別の言葉になることに注意。特別な読み方で読む「しみず」は、「岩の間などから湧《わ》き出る、きれいな水。」という意味。また、「しみず」と読んで、静岡《しずおか》などの地名を表したり、姓《せい》を表したりすることもある。
(3)「土産《みやげ》」は、音読みで「どさん」などと読まないように。また、「みあげ」と読まないように注意。
(5)「行方《ゆくえ》」は他に、「行方も知れない。」「行方をくらます。」「行方を案じる。」などのようにも使う。

12 特別な読み方の言葉④

(1) 清水
(2) 田舎
(3) 土産
(4) 芝生
(5) 行方

▼解説

(2) 「田舎《いなか》」は読み方から漢字を連想しづらいので、しっかり覚えよう。また、「片田舎」「田舎言葉」「田舎者」などのように複合語としても使う。「田舎そば」「田舎まんじゅう」「田舎みそ」などのように、素朴《そぼく》な食べ物の名称《めいしょう》として使うことも多い。

(4) 「芝《しば》」は草の名なので「艹（くさかんむり）」だと覚えておくとよい。芝が植えてある場所のことを「芝生《しばふ》」という。

(5) 「行方《ゆくえ》」は「行く方」と送りがなを付けないように注意しよう。

13 まとめテスト①

❶
(1) そこ
(2) ざっこく
(3) しばふ
(4) ちまなこ
(5) こころざ
(6) ひはん
(7) ため
(8) むく
(9) したく
(10) ここち

❷
(1) 経営
(2) 創造
(3) 盛
(4) 幼
(5) 行方
(6) 風邪
(7) 誤解
(8) 田舎
(9) 現
(10) 一推（一押）

▼解説

❷(6) 「邪」の「牙」の部分の書き順に注意。「一 ㄷ 于 牙」のように五画で書く。

14 複数の音読みをもつ漢字①

(1) ア なっとく
イ のうぜい
(2) ア そうしょく
イ いしょう
(3) ア ぎょうてん
イ しんこう

▼解説

(1) ア 「納」を「ナッ」と読む言葉には、他に「納豆《なっとう》」がある。

(2) 「装」は、「壮」の部分が漢字の音を表し、「衣」の部分が意味を表している。

(3) ア 「仰天《ぎょうてん》」の「仰」の訓読みは「あお（ぐ）」で、「見上げる」の意味。「仰天」とは、「驚《おどろ》いたあまり天を見上げる。」ということから、「非常に驚く」という意味を表すようになった。

15 複数の音読みをもつ漢字②

(1) ア 納得
イ 納税
(2) ア 装飾
イ 衣装
(3) ア 仰天
イ 信仰

▼解説

(1) ア 「得」は同音異字の「特」「徳」と書き間違《まちが》えないように注意する。
イ 「税」の「兑」の部分を「兄」と書かないように注意。

(2) ア 「飾」の訓読みは「かざ（る）」。合わせて覚えておこう。

(3) イ 同音異義語「親交」「新興」「侵攻《しんこう》」と間違えないように。また、「仰」の「卬」の部分を「卯」と書かないように注意。

16 複数の音読みをもつ漢字③

(1) ア おんけい　イ ちえ
(2) ア しっぴつ　イ しゅうねん
(3) ア はくしゅ　イ さんびょうし

▼解説
(1) イ「恵」を「エ」と読む言葉には、縁起《えんぎ》がよい方角の意味の「恵方《えほう》」などもある。
(2)「執」の訓読みは、「と(る)」。「文章や書画をかく。」という意味の「筆を執《と》る」という慣用句などで使われる。
イ「執念《しゅうねん》」から派生した形容詞に「執念深い」がある。合わせて覚えておこう。
(3) ア「拍」を「ハク」と読む言葉には、他に「拍車《はくしゃ》」がある。

17 複数の音読みをもつ漢字④

(1) ア 恩恵　イ 知恵
(2) ア 執筆　イ 執念
(3) ア 拍手　イ 三拍子

▼解説
(1) ア「恩」は、形の似た「思」と書き間違《まちが》えないように注意しよう。
(2)「執」は、「丸」の部分を「九」と書かないように注意。
(3)「拍」は、同音異字の「泊」「伯」「迫」と書き間違えないように注意。

18 複数の訓読みをもつ漢字①

(1) ア やさ　イ すぐ
(2) ア たの　イ たよ
(3) ア よご　イ きたな

▼解説
(1) イ「優《すぐ》れる」の対義語は、「劣《おと》る」。合わせて覚えておこう。
(2) ア「頼《たの》む」から派生した形容詞に「頼《たの》もしい」がある。送りがなの付け方に注意して、合わせて覚えておこう。
(3)「汚」の音読みは「オ」。この音読みを使った言葉に「汚《お》染《せん》」「汚濁《おだく》」などがある。

19 複数の訓読みをもつ漢字②

(1) ア 優　イ 優
(2) ア 頼　イ 頼
(3) ア 汚　イ 汚

▼解説
(1)「優」の音読みは「ユウ」。「憂」の部分が音を表している。また、この音読みを使った言葉に「優勝」「優秀《ゆうしゅう》」「俳優」などがある。合わせて覚えておこう。
(2)「頼」は、「束」の部分を「東」と書かないように注意。
(3)「汚」の「亐」の部分は、「一 ニ 亐」のように三画で書く。

20 複数の訓読みをもつ漢字③

(1) ア ひ　イ はず
(2) ア に　イ のが
(3) ア ふ　イ さわ

▼解説
(1) ア「弾《ひ》く」は、「楽器を演奏する。」という意味の言葉。同訓異字の「引く」との使い分けに注意。
イ「弾《はず》む」は、送りがなの付け方にも注意。
(3)「触《ふ》れる」「触《さわ》る」は、それぞれの送りがなの付け方にも注意しよう。

21 複数の訓読みをもつ漢字④

(1) ア 弾　イ 弾
(2) ア 逃　イ 逃
(3) ア 触　イ 触

▼解説
(1)「弾」の「弓」の部分は、「ㇷ ㇰ 弓」のように三画で書く。
(3)「触」は、同じ部分をもつ「解」「融」などと書き間違《まちが》えないように注意しよう。

22 まとめテスト②

①
(1) のが
(2) たよ
(3) すぐ
(4) ふ
(5) きたな
(6) ひょうし
(7) しっぴつ
(8) なっとく
(9) いしょう
(10) おんけい

②
(1) 汚
(2) 触
(3) 弾
(4) 逃
(5) 頼
(6) 執念
(7) 信仰
(8) 拍手
(9) 装飾
(10) 知恵

▼解説
①
(1)「逃《のが》す」と「逃《に》がす」を読み間違《まちが》えないように注意。送りがなの付け方の違いに注目する。
②
(2)「触《さわ》る」は、「物に手などで触《ふ》れる。」という意味で使う。「気にさわる」の場合には用いないので注意しよう。

23 同音異義語①

(1) ア ふきゅう　イ ふきゅう
(2) ア こうせい　イ こうせい
(3) ア きこう　イ きこう

▼解説
(1) イ「朽」は、同じ部分をもつ「巧」と間《ま》違《ちが》えないように。「巧」の音読みは「コウ」。
(2) ア「攻」の訓読みは「せ（める）」。合わせて覚えておこう。

24 同音異義語②

(1) ア 普及　イ 不朽
(2) ア 攻勢　イ 恒星
(3) ア 奇行　イ 寄稿

▼解説
(1) ア「及」は「ノ 乃 及」のように三画で書く。イ「朽」の訓読みは「く（ちる）」。合わせて覚えておこう。
(2) ア「攻」は、同じ部分をもつ同音の「功」「巧」と書き間《ま》違《ちが》えないように注意。
(3) ア「奇」とイ「寄」は、同じ部分をもつ同音の漢字なので、違いに注意して書き分けよう。

25 同音異義語③

(1) ア えんご　イ えんご
(2) ア かんたん　イ かんたん
(3) ア しんとう　イ しんとう

▼解説
(1) ア「援」を使った言葉は、他に「応《おう》援《えん》」「支援」などがある。合わせて覚えておこう。イ「縁」は、同じ部分をもつ「緑」と間《ま》違《ちが》えないように。「緑」の音読みは「リョク」。
(2) 他に「心の中」の意味の「肝胆《かんたん》」という同音異義語がある。「肝胆相《あい》照らす」という表現で用いる。

26 同音異義語④

(1) ア 援護　イ 縁語
(2) ア 簡単　イ 感嘆
(3) ア 浸透　イ 心頭

▼解説
(1)ア「援」は、同じ部分をもつ「暖」と書き間違《まちが》えないように。
(2)ア「簡単」の対義語は「複雑」。また、「簡」の「𥫗」の部分を「艹」と書かないように注意。
(3)ア「浸」を使った言葉には、他に「浸《しん》食《しょく》」「浸水」などがある。同音異字の「侵」と書き間違えないように注意。

27 同訓異字①

(1) ア つ　イ つ
(2) ア すす　イ すす
(3) ア い　イ い

▼解説
(1)ア「次」には、「つぎ」という訓読みもある。送りがなが付かないので注意。
イ「継」の音読みは「ケイ」。この音読みを使った言葉に「後《こう》継《けい》」「継承」などがある。
(2)イ「勧」の音読みは「カン」。この音読みを使った言葉に「勧《かん》誘《ゆう》」「勧告」などがある。合わせて覚えておこう。

28 同訓異字②

(1) ア 次　イ 継
(2) ア 進　イ 勧
(3) ア 要　イ 煎

▼解説
(1)イ「継」は、同じ部分をもつ「断」と書き間違《まちが》えないように注意しよう。
(2)イ「読書を勧める。」のように、ある行為《こうい》を促《うなが》す場合「勧める」を使い、「良書を薦《すす》める。」「お薦め品」のように望ましい人や物事を推薦《すいせん》する場合は「薦める」を使う。
(3)他に「射る」「入る」「居る」などの同訓異字がある。それぞれ意味の違いに注意して書き分ける。
イ「煎」の部首は「灬（れっか・れんが）」。また、「䒑」の部分を「艹」と書かないように注意。

29 同訓異字③

(1) ア か　イ か
(2) ア さ　イ さ
(3) ア はし　イ はし

▼解説
(1)「駆」の音読みは「ク」。この音読みを使った言葉に「駆《く》使《し》」「先駆」などがある。
(3)ア「端《はし》」という言葉は「はじ」とも言うが、漢字の正規の読みとしては誤り。

30 同訓異字④

(1) ア 駆　イ 欠
(2) ア 咲　イ 割
(3) ア 端　イ 箸

▼解説
(1)ア「駆」は部首が同じ「馬」の「騎」「駐」などと書き間《ま》違《ちが》えないように。
(2)ア「咲」の「关」の部分を「夫」と書かないように注意。
(3)イ「箸」の部首は「⺮（たけかんむり）」。また、「者」の部分の「丶」を忘れないように注意。

31 まとめテスト③

❶
(1) きこう
(2) こうせい
(3) ふきゅう
(4) かんたん
(5) しんとう
(6) つ
(7) すす
(8) い
(9) はし
(10) か

❷
(1) 恒星
(2) 普及
(3) 簡単
(4) 寄稿
(5) 援護
(6) 要
(7) 次
(8) 咲
(9) 端
(10) 割

▼解説

❷(9)「端」には、他に「道端《みちばた》」などの言葉で使われている「はた」という訓読みがある。

32 漢字と送りがな①

(1) こころよ
(2) ひき
(3) むずか
(4) ほが
(5) やわ

▼解説

(1)「快い」は「気持ちよく感じられる。」の意味で、「心地《ここち》よい」とほぼ同じ意味の言葉。だが、「申し出を快く引き受ける。」の「快く」のように、「嫌《いや》な顔をせずに」の意味合いで使われる場合は、「心地よく引き受ける。」とは使わないことに注意しよう。

(5)「柔《やわ》らかい」も、同訓異字の「軟《やわ》らかい」も、対義語はともに「かたい」。

33 漢字と送りがな②

(1) 快い
(2) 率いる
(3) 難しい
(4) 朗らか
(5) 柔らかい（軟らかい）

▼解説

(1)「快よい」などとしないように。

(2)「率る」などとしないように。

(3)「難かしい」などとしないように。

(4)「朗か」などとしないように。

(5)「柔（軟）かい」などとしないように。

34 漢字と送りがな③

(1) おぎな
(2) おごそ
(3) うけたまわ
(4) おそ
(5) あたた

▼解説

(3)「慎《つつし》んで聞く。」の意味の「承《うけたまわ》る」の類義語は「拝聴《はいちょう》する」。「ご注文を承る。」などのように「慎んで受ける。」の意味の場合、類義語は「拝受する」。

(5)「暖かい」は気象・気温に使い、「寒い」の対義語。一方、「温かい」は温度や気持ちに使い、「冷たい」が対義語。

35 漢字と送りがな④

(1) 補う
(2) 厳か
(3) 承る
(4) 恐ろしい
(5) 暖かい

▼解説

(1)「補なう」などとしないように。また、「衤」を「礻」と書かないように。同音異字に「捕」があるが、訓読み「と（らえる）」「と（らわれる）」「つか（まる）」「つか（まえる）」も、送りがなに注意。

(2)「厳そか」などとしないように。また、

「耳」の部分を「耳」と書かないように。
(3)「承わる」などとしないように。
(4)「恐しい」などとしないように。
(5)「暖たかい」「暖い」などとしないように。

36 誤りやすい漢字①

(1) しょく
(2) げんいん
(3) てき
(4) そうじゅう
(5) とくちょう

▼解説

(1)「手に職をつける。」で、「仕事の技術を身につける。」の意味。
(2)「げいいん」と読まないように注意。
(3)「適」は「当てはまる・ふさわしい」などの意味の漢字。同音異字の「摘（選んで取り出す）」「滴（したたる）」「敵（試合や競争の相手）」と使い分けができるようにする。
(4)「操縦」は「飛行機や機械などを扱《あつか》い動かすこと。」という意味の他に、「人を自分の思いのままに使うこと。」という意味でも使う。例えば、「部下を巧《たく》みに操縦する。」など。
(5)「徴」は、「チョウ」という音読みの漢字。「象徴」「徴収」「徴税」などと使う。形の似た「微」は「ビ」という音読みの漢字で、「微笑」「微生物」「微力」「機微」などと使う。

37 誤りやすい漢字②

(1) 職
(2) 原因
(3) 適
(4) 操縦
(5) 特徴

▼解説

(1)「職」と同じ部分をもつ「識」は「識別」「認識《にんしき》」、「織」は「組織」「織物」などのように使う。
(2)「因」は「困」と書き間違《まちが》えないように。「困」は「困惑《こんわく》」「困り果てる」などのように使う。
(4)「操」と同じ部分をもつ「繰」は「繰《く》り返す」、「燥」は「乾燥《かんそう》」「焦燥《しょうそう》」などのように使う。

38 誤りやすい漢字③

(1) うら
(2) く
(3) こうてつ
(4) いじん
(5) しゅくはく

▼解説

(2)「暮」の音読みは「ボ」で、形の似た同音異字に「墓（墓《ぼ》穴《けつ》）」「募（募集《ぼしゅう》）」「慕（思慕《しぼ》）」がある。
(4)「偉」の同音異字の「違」は「違和感《いわかん》」「手違《てちが》い」、「緯」は「緯度《いど》」「経緯」などのように使う。
(5)「泊」の同音異字の「拍」は「拍手《はくしゅ》」「拍子《ひょうし》」、「迫」は「迫力《はくりょく》」「迫《せま》り来る」、「伯」は「画伯《がはく》」などのように使う。また、「伯」には「伯父《おじ》」という特別な読み方の言葉もある。

39 誤りやすい漢字④

(1) 裏
(2) 暮
(3) 鋼鉄
(4) 偉人
(5) 宿泊

▼解説

(1)「裏」の「衣」の部分は「衣」ではないことに注意。
(3)「鋼鉄」は「固くて丈夫《じょうぶ》な鉄」のことで、意志の固さなどのたとえとしても使われる。また、「鉱鉄」と書かないように。
(4)「偉人《いじん》」は「偉《えら》い人」のこと。同音異義語の「異人（外国人」と書かないように。

40 まとめテスト④

❶
(1) く
(2) こころよ
(3) しゅくはく
(4) ほが
(5) しょく
(6) うけたまわ
(7) いじん
(8) おごそ
(9) そうじゅう
(10) あたた

❷
(1) 補
(2) 特徴
(3) 裏
(4) 恐
(5) 率
(6) 原因
(7) 柔（軟）
(8) 鋼鉄
(9) 難
(10) 適

▼解説
❶(4) ここでの「朗《ほが》らか」は「天候が晴れやかである。」の意味で使われている。
(6) ここでの「承《うけたまわ》る」は「拝受する」と同じ意味で使われている。
❷(2)「徴」は「微」だけでなく、同音異字の「懲」にも注意。

41 類義語①

(1) **ア** るす **イ** ふざい
(2) **ア** じゅうじゅん **イ** すなお
(3) **ア** さほう **イ** れいぎ

▼解説
(1) ア「留守」は「留守番」「居留守」などのように、複合語としても使う。
(3) ア「さくほう」と読まないように。

42 類義語②

(1) **ア** 留守 **イ** 不在
(2) **ア** 従順 **イ** 素直
(3) **ア** 作法 **イ** 礼儀

▼解説
(3) イ「儀」の同音異字の「義」は「義理」「意義」、「議」は「議会」「決議」、「犠」は「犠《ぎ》牲《せい》」などのように使う。

43 類義語③

(1) **ア** ふい **イ** とつぜん
(2) **ア** ゆうすう **イ** くっし
(3) **ア** そんだい **イ** ごうまん

▼解説
(1) ア「不意」もイ「突《とつ》然《ぜん》」も「急に・いきなり」という意味。
(2) ア「有数」もイ「屈《くっ》指《し》」も「取り上げて数えられるほど数が少なく、優《すぐ》れていること。」という意味。
ア「有」のもう一つの音読みは「ウ」で、「有頂天《うちょうてん》」のように使う。

イ「屈」の同音異字の「掘」は「発掘《はっくつ》」「掘《ほ》り出す」、同じ部分をもつ「堀」は「外堀《そとぼり》」のように使う。
(3) ア「尊大」もイ「傲《ごう》慢《まん》」も「いばって偉《えら》そうな態度であること。」という意味。「尊大に構える」「傲慢無礼」のように使う。
イ「慢」の同音異字の「漫」は「漫画《まんが》」「散漫」などのように使う。

44 類義語④

(1) **ア** 不意 **イ** 突然
(2) **ア** 有数 **イ** 屈指
(3) **ア** 尊大 **イ** 傲慢

(1)イ「突」の部首は、「宀（うかんむり）」ではなく「穴（あなかんむり）」。

(3)ア「尊大」を「大きな存在」と捉《とら》えて「存大」などと書かないように注意。イ「傲」の「敖」の部分を「方」と書かないように。

45 対義語①

(1) ア かいほう　イ へいさ
(2) ア ふつう　イ とくべつ
(3) ア へいぼん　イ ひぼん

▼解説

(1)ア「開放」とイ「閉《へい》鎖《さ》」は、熟語全体で対立している対義語。また、ア「開放」の同音異義語に「解放」があるが、この対義語は「束《そく》縛《ばく》」。これも同じく、熟語全体で対立している対義語である。

(2)ア「普《ふ》通《つう》」とイ「特別」は、熟語全体で対立している対義語。また、ア「普通」の類義語には「一《いっ》般《ぱん》」、イ「特別」の類義語には「特《とく》殊《しゅ》」などもある。

(3)ア「平《へい》凡《ぼん》」とイ「非凡」は、否定の接頭語が付く対義語。また、「凡」を使った言葉には「凡人」があり、対義語は「偉《い》人《じん》」。これらは、一字が対立している対義語。

46 対義語②

(1) ア 開放　イ 閉鎖
(2) ア 普通　イ 特別
(3) ア 平凡　イ 非凡

▼解説

(1)ア「開」、イ「閉」は同じ部分をもち、反対の意味の漢字なので、しっかり書き分ける。また、イ「鎖」の「⺌」の部分を「⺍」と書かないように。

(3)「凡」は三画目の点を書き忘れないように注意する。

47 対義語③

(1) ア びんかん　イ どんかん
(2) ア けいそつ　イ しんちょう
(3) ア のうこう　イ たんぱく

▼解説

(1)ア「敏《びん》感《かん》」とイ「鈍《どん》感《かん》」は一字が対立している対義語。「敏」が「細かい・素早《すば》《や》い」、「鈍」が「鈍《にぶ》い」という意味。

(2)ア「軽《けい》率《そつ》」とイ「慎《しん》重《ちょう》」は熟語全体で対立している対義語。

(3)ア「濃《のう》厚《こう》」とイ「淡《たん》泊《ぱく》」は熟語全体で対立している対義語。

48 対義語④

(1) ア 敏感　イ 鈍感
(2) ア 軽率　イ 慎重
(3) ア 濃厚　イ 淡泊（淡白）

▼解説

(1)イ「鈍」は「屯」の部分の形に注意して、正確に書こう。

(2)イ「慎《しん》重《ちょう》」は同音異義語のうち、特に「深長」と書き間《ま》違《ちが》えないように注意。「慎重」は「注意深くて軽々しく行動しないこと。」、「深長」は「非常に意味が深くて、複雑な様子。」という意味。「意味深長」という四字熟語の形で使うことが多い。

49 まとめテスト⑤

❶
(1) れいぎ
(2) くっし
(3) ごうまん
(4) とつぜん
(5) すなお
(6) しんちょう
(7) ひぼん
(8) のうこう
(9) びんかん
(10) ふつう

❷
(1) 不意
(2) 留守
(3) 尊大
(4) 作法
(5) 従順
(6) 軽率
(7) 淡泊（淡白）
(8) 開放
(9) 特別
(10) 鈍感

▼解説

❶(6)「慎重《しんちょう》を期する」は、慎重に行動することを強く思うことで、「非常に慎重になること。」という意味。

(8)この例文の「濃《のう》厚《こう》」は「ある傾向《けいこう》や可能性などが強い様子。」の意味で使われている。

❷(1)「不意を突《つ》かれる」は「予期していないことが行われる。」の意味。「不意を打たれる」と同じ意味。

50 三字熟語①

(1) ゆうびんきょく
(2) けいしちょう
(3) さいけんさ
(4) かんごし
(5) ちめいしょう

▼解説

(5)「致命《ちめい》的」には「致命的（命に関わる様子。取り返しがつかないほど重大である様子。）」という三字熟語もある。

51 三字熟語②

(1) 郵便局
(2) 警視庁
(3) 再検査
(4) 看護師
(5) 致命傷

▼解説

(4)「看護士」は男性の看護師の旧称《きゅうしょう》。二〇〇二年に男女とも「看護師」と改称された。他に、「師」を使う三字熟語には「薬剤師《やくざいし》」「調理師」「美容師」など、「士」を使う三字熟語には「弁護士」「技能士」「保育士」「栄養士」などがある。

52 三字熟語③

(1) てんらんかい
(2) かちかん
(3) うちょうてん
(4) しゅぎょうそう
(5) けんとうし

▼解説

(3)「ゆうちょうてん」と読まないように。「有」を「ウ」と読む言葉は、他に「有無」「有為転変《ういてんぺん》（この世の全てのものは移り変わって同じ状態にはとどまらないこと。）」など。

(4)「しゅうぎょうそう」と読まないように。「修」を「シュ」と読む言葉には、他に「修験道《しゅげんどう》（宗教の一つ。山にこもって修行する。）」「修験者（修験道を修行する人。）」がある。

53 三字熟語④

(1) 展覧会
(2) 価値観
(3) 有頂天
(4) 修行僧
(5) 遣唐使

▼解説

(2)「価値感」と書かないように注意。

(4)「修業僧」と書かないように注意しよう。「僧」と組み合わさった言葉なので、「仏の教えを学んで悟《さと》りを得られるように努力すること。」の意味の「修行」と書く。また一般《いっぱん》に、「学芸や武芸を身につけて鍛《きた》える。」という広い意味で「修行」、「技芸や技術などの技《わざ》を習って身につける。」という意味で「修業」を使う。「武者修行」「学問の修業・板前修業」などのように使い分ける。

54 四字熟語①

(1) りんきおうへん
(2) たいきばんせい
(3) ゆだんたいてき
(4) ききいっぱつ
(5) ぼうじゃくぶじん

▼解説

(2)「大器」とは「優《すぐ》れた才能や能力を備えている人物。」、「晩成」は「年をとってから成功すること。」という意味の言葉。上下の熟語が、「大器は晩成する」のように主語・述語の関係にある四字熟語。

(4)「ききいっはつ」と読まないように。

(5)「ぼうじゃくむじん」と読まないように。「傍若無人《ぼうじゃくぶじん》」は「傍《かたわ》らに人無きが若（ごと）し」という中国の故事からできた四字熟語。

55 四字熟語②

(1) 臨機応変
(2) 大器晩成
(3) 油断大敵
(4) 危機一髪
(5) 傍若無人

▼解説

(1)「臨期応変」と書かないように。

(2)「大器晩生」と書かないように。「晩生」は「植物が普通《ふつう》よりも遅《おそ》く成長すること。」という意味の言葉である。「晩成」との意味の違《ちが》いに注意。

(4)「危機一発」と書かないように。「危機が髪《かみ》の毛一本のところまで迫《せま》っている。」という意味からできた言葉であることを覚えておくとよい。

(5)「暴若無人」と書かないように。

56 四字熟語③

(1) いくどうおん
(2) せいこううどく
(3) あくせんくとう
(4) ごりむちゅう
(5) せいりせいとん

▼解説

(1)「いこうどうおん」「いくちどうおん」と読まないように。

(3)「悪戦苦闘《あくせんくとう》」と似た意味の四字熟語に「四苦八苦（うまくいかなくて、非常に苦しむこと。）」がある。

57 四字熟語④

(1) 異口同音
(2) 晴耕雨読
(3) 悪戦苦闘
(4) 五里霧中
(5) 整理整頓

▼解説

(1)「違句同音」と書かないように。

(4)「五里夢中」と書かないように。「五里（約二十キロメートル）四方の霧《きり》の中に入って方向がわからなくなる。」という意味からできた四字熟語であることをしっかり覚えておこう。

58 まとめテスト⑥

❶
(1) ちめいしょう
(2) しゅぎょう そう
(3) せいりせいとん
(4) ききいっぱつ
(5) あくせんくとう

❷
(1) 警視庁
(2) 価値観
(3) 展覧会
(4) 異口同音
(5) 臨機応変

▼解説

❶(5)「悪戦苦闘《あくせんくとう》」はここでは「強敵などを相手に、不利な状況《じょうきょう》の中で、苦しんで戦うこと。」という意味で使われている。

59 ことわざ①

(1) せい
(2) ね
(3) しょうこ
(4) わた
(5) おに

▼解説

(1)「背」には、他に「せ」という訓読みがあるが、このことわざの場合は「せい」という訓読みで読む。訓読みの「せ」を使った言葉には、「背中」「背広」「背もたれ」などがある。

(2)「寝《ね》る」を使ったことわざには、他に「寝る子は育つ（よく寝る子は丈夫《じょうぶ》に育つ。）」がある。

(5)「鬼《おに》」を使ったことわざには、他に「鬼の居ぬ間に洗濯《せんたく》（気兼《きが》ねをする人がいない間に息抜《いきぬ》きをすること。）」「鬼の目にも涙《なみだ》（冷酷《れいこく》な人も、情を感じることがあること。）」などがある。

60 ことわざ②

(1) 背
(2) 寝
(3) 証拠
(4) 渡
(5) 鬼

▼解説

(1)「背」の部首は「月（にくづき）」。

(2)「寝」は、同じ部分をもつ同音異字の「浸」「侵」と書き間違《まちが》えないように注意する。

(3)「拠」は「扌（てへん）」を書き忘れないように。「扌（てへん）」のない「処」は「ショ」という音読みの漢字。「処分」「対処」などのように使われる。

61 ことわざ③

(1) こういん
(2) かべ
(3) あと
(4) か
(5) はち

▼解説

(1)「陰」の訓読みは「かげ」。日の当たらないところを意味する言葉。また、「月」を意味することもある。「光陰《こういん》」は「光（日）と陰（月）」を表し、そこから月日・年月・時間を表す。

(2)「壁」の音読みは「ヘキ」。この音読みを使った言葉に「壁《へき》画《が》」「障壁」などがある。

(4)「枯《か》れる」は、送りがなの付け方にも注意しよう。

(5)「蜂《はち》」を使ったことわざ・慣用句には他に「あぶ蜂取《と》らず（両方とも手に入れようと欲張《よくば》り、どちらも取り損《そこ》なうこと。）」「蜂の巣をつついたよう（大騒ぎになって、手がつけられない様子。）」などがある。

62 ことわざ④

(1) 光陰
(2) 壁
(3) 跡
(4) 枯
(5) 蜂

▼解説

(1)「陰」の部首は、「阝(こざとへん)」。

(2)「壁」と形の似た同音の「璧」との違《ちが》いは、漢字の下の部分。「壁」は「土」、「璧」は「玉」。「璧」を使った言葉には、「完璧《かんぺき》」がある。

(3)「跡」は、「亦」の部分を「赤」と書き間違えないように注意しよう。

(5)「蜂」は、形の似た同音の「峰」と書き間違えないようにしよう。へんの違いに注意する。

63 慣用句①

(1) ぼけつ
(2) ふ
(3) お
(4) こ
(5) お

▼解説

(2)「吹」の音読みは「スイ」。この音読みを使った言葉に「吹奏《すいそう》」「鼓吹《こすい》」などがある。

(3)「押《お》す」は、同訓異字の「推《お》す」と間違《まちが》えないように注意しよう。意味の違いで使い分ける。「推す」は「薦《すす》める。推し進める。推量する。」という意味で使う。

(5)「尾」の音読みは、「ビ」。この音読みを使った言葉に「尾《び》行《こう》」「首尾」などがある。

64 慣用句②

(1) 墓穴
(2) 吹
(3) 押
(4) 越
(5) 尾

▼解説

(1)「墓」は、形の似た同音の「暮」「慕」「募」と書き間違《まちが》えないように。それぞれの違いは、漢字の下の部分。「墓」は「土」、「暮」は「日」、「慕」は「㣺」、「募」は「力」。まとめて覚えておこう。

(3)「押」は、「甲」の部分を「申」と書き間違えないように注意しよう。

(4)「越」の部首は「走(そうにょう)」。同じ部首の漢字には、同訓異字の「超」の他に「起」「赴」「趣」などがある。

(5)「尾」を使った慣用句には、他に「尾《お》を引く(物事の影響《えいきょう》が後まで残る。)」などがある。

65 慣用句③

(1) ぬ
(2) ばきゃく
(3) うで
(4) に
(5) しり

▼解説

(1)「脱」の部首は「月(にくづき)」。(2)の「脚」、(3)の「腕」も同じ部首の漢字。

66 慣用句④

(1) 脱
(2) 馬脚
(3) 腕
(4) 煮
(5) 尻

▼解説

(1)「脱」は、「兑」の部分を「兄」と書かないように。

(2)「脚」は、「月(にくづき)」を書き忘れないように注意。「馬脚をあらわす」の「あらわす」は「露呈」の「露」を使って「露す」。「現す」とも書く。

67 まとめテスト⑦

1
(1) しょうこ
(2) わた
(3) はち
(4) ふ
(5) お

2
(1) 馬脚
(2) 跡
(3) 尻
(4) 脱
(5) 鬼

▼解説

1 (2)「渡」の音読みは「ト」。この音読みを使った言葉に「渡航《とこう》」「譲渡《じょうと》」などがある。

2 (3)「尻《しり》」を使った慣用句には、他に「尻をたたく（激励《げきれい》する）」「尻に火がつく（事態が差し迫《せま》る。）」などがある。

68 復習テスト①

1
(1) うつわ
(2) ぱし
(3) ひょうし
(4) みやげ
(5) こうせい
(6) へいさ
(7) ぎょうてん
(8) へいぼん
(9) ふきゅう
(10) まいご

2
(1) 腹痛
(2) 笑顔
(3) 性分
(4) 弾
(5) 経営
(6) 援護
(7) 朗
(8) 程
(9) 不在
(10) 偉人

▼解説

1 (2)「はし」と読まないように。「片っ端《ぱし》から」は「手当たり次第《しだい》に。」の意味。

(3)「拍子抜《ひょうしぬ》け」は「気を張り詰《つ》めていたのに、その必要がなくなってがっかりすること。」の意味。

(4)「土産話《みやげ》」は「旅行先で見聞・体験した話。」の意味。

2 (4)ピアノやギターなどの弦楽器《げんがっき》を演奏するときには「引く」ではなく「弾《ひ》く」と書くことに注意。

69 復習テスト②

1
(1) こういん
(2) ぼうじゃくぶじん
(3) ばきゃく
(4) けんとうし
(5) ごりむちゅう

2
(1) 背
(2) 墓穴
(3) 有頂天
(4) 煮
(5) 油断大敵

▼解説

1 (2)「傍若無人」の「無人」を「むじん」と読まないように。

2 (3)「有頂点」と書かないように。

(5)「油断大敵」の「大敵」は「てごわい敵。」という意味。「敵」は、同音異字の「適」「滴」「摘」と書き間違《まちが》えないように注意。